Benjamin Busche

Besser **Gärtnern** mit
Strohballen

Einfach, preiswert
und pflegeleicht

Bassermann

ISBN 978-3-8094-3660-7
1. Auflage

Bildnachweis: Alle Abbildungen von Jung Medienpartner GmbH, Limburg

Umschlaggestaltung: Atelier Versen, Bad Aibling
Projektleitung: Herta Winkler
Herstellung: Claudia Scheike
Satz, Layout und Producing: Jung Medienpartner GmbH, Limburg

Druck und Bindung: Těšínská tiskárna, a.s., Český Těšín
Printed in the Czech Republic

Verlagsgruppe Random House FSC® N001967

Inhalt

Vorwort

Im Frühjahr 2014 las ich zum ersten Mal einen Bericht über das Gärtnern auf Strohballen. Es schien mir auf den ersten Blick ungewöhnlich und es war mir nicht klar, wozu das gut sein sollte. Aber eigentlich ist das Gärtnern auf Stroh nichts Neues. Pilzzüchter machen dies schon lange, aber im Verborgenen, besser gesagt im Dunkeln. Das Thema dieses Buches ist aber die Anzucht von Pflanzen auf Strohballen im Tageslicht. Die Pilzzucht ist ein anderes, vielschichtiges Thema, das ich hier nicht behandeln werde.

Nachdem ich mich mit der Thematik etwas intensiver beschäftigt hatte, wurde meine Neugier größer und ich habe es dann selbst versucht, um eigene Erfahrungen zu sammeln. Die ersten Ergebnisse waren gleich sehr ermutigend. Besonders der Anbau von Gemüse wie Tomaten, Zucchini, Gurken und Paprika ist auf den Strohballen sehr empfehlenswert. Auch alle Kohlsorten wie Kohlrabi, Weiß- und Rotkohl sowie die wenig anspruchsvollen Gewürz- und Heilkräuter gedeihen auf Strohballen prächtig. Prinzipiell können Sie aber alle Gemüse, Kräuter, Zierpflanzen und auch Blumen auf Strohballen ziehen. Besonders schick sind kleine Strohballenbeete in Obstkisten oder Weidenkörben für Balkon und Terrasse. So können Sie auch ohne Garten immer frische Kräuter, Tomaten, Erdbeeren, Paprika oder Salat auf Ihrem Balkon ernten. Es gibt natürlich auch einige wichtige Dinge zu beachten, damit es funktioniert, aber viel falsch machen kann man eigentlich nicht.

Ich will Ihnen nachfolgend die Vor- und Nachteile des Gärtnerns auf Strohballen aufzeigen. Wobei die Vorteile überwiegen.

Die Vorteile:

◆ Mit Strohballen ist das Gärtnern fast überall möglich.

◆ Es gibt fast kein „Unkraut" (außer durch aktuell vom Wind eingetragene Samen).

◆ Es gibt keine Staunässe in den Strohballen, dennoch sind die Strohballen gute Wasserspeicher.

◆ Man benötigt keine Gartenwerkzeuge und kann fast alles mit den Händen machen.

◆ Eine Bodenbearbeitung gibt es nicht. Im späten Herbst werden die Reste der zersetzten Strohballen zum Kompost gegeben oder in den normalen Gartenboden eingearbeitet. Bis zum Frühjahr wird kaum noch etwas davon zu finden sein.

◆ Es gibt kaum Krankheiten im Stroh. Eventuelle Krankheitserreger und Pilze im Stroh werden überwiegend durch die Hitze beim Zersetzungsprozess in den ersten zwei bis drei Wochen vernichtet.

♠ Weniger Insektenbefall, da in den Strohballen enthaltene Schädlingseier und Larven durch die Zersetzungshitze weitgehend abgetötet werden.

♠ Die bei der Zersetzung des Strohs entstehende Wärme ist ideal für die Anlage von Frühbeeten und kleinen Treibhäusern mit Strohballen (aber erst nach zwei bis drei Wochen, wenn die stärkste Zersetzungshitze abklingt). Nach der Pflanzphase (von April bis Oktober) zersetzt sich das Stroh fast vollständig und wird zu wertvollem Bio-Humus. Hochbeete lassen sich mit Strohballen besonders leicht anlegen. Hierzu finden Sie im Buch zwei schöne Beispiele.

Das Gärtnern auf Strohballen kann ich Ihnen aber nur wärmstens empfehlen. Wenn Sie meine Anleitungen und Hinweise beachten, werden Sie wahrscheinlich gute Ergebnisse erzielen. Aber eine Garantie für den Erfolg gibt es natürlich nicht, denn es sind immer viele Faktoren, die den Erfolg beeinflussen.

Doch lassen Sie sich nicht davon abhalten, auch eigene Ideen für den Anbau bestimmter Pflanzen auszuprobieren und zu experimentieren. Nur so macht man eigene Erfahrungen und lernt etwas dazu. Ich würde mich freuen, wenn Sie mir Ihre Erfahrungen per Brief oder E-Mail über den Verlag mitteilen. Vielleicht kann ich Ihnen helfen und Fragen beantworten oder selbst von Ihren Erfahrungen noch etwas lernen. Ich wünsche Ihnen viel Spaß und Erfolg beim Gärtnern auf Strohballen.

Ihr Benjamin Busche

Die Nachteile:

♠ Die Strohballen müssen anfangs täglich stark gewässert und regelmäßig gedüngt werden.

♠ Für die Aussaat und das Anpflanzen braucht man zusätzliche Humuserde oder Pflanz-Kompost.

♠ Die Strohballen zersetzen sich recht schnell durch die ständige Bewässerung und sacken in sich zusammen, sodass man sie nach ca. sechs bis acht Wochen durch einfache Einfassungen oder Bretter abstützen muss.

Einleitung

Planen und Vorbereiten

Wenn man die Vorteile der Strohballen nutzen möchte, sollte man sich intensiv mit der Thematik beschäftigen und Vorbereitungen treffen. Zunächst muss man sich klarmachen, wie viel Platz zur Verfügung steht, welche Pflanzen man anbauen möchte und wohin man die Strohballen platzieren sollte. Es beginnt mit der Frage, ob Sie nur einen Test auf einem kleinen Strohballenbeet anlegen oder ob Sie größer einsteigen wollen. Lesen Sie das Buch erst einmal in Ruhe durch. Das hilft Ihnen bei der Entscheidungsfindung.

Der richtige Platz

Wenn Sie Gemüse und Kräuter anbauen möchten, so ist ein sonniger bis halbschattiger Platz, der bei gutem Wetter täglich acht bis zehn Stunden Sonnenschein zulässt, notwendig. Es wäre günstig, wenn Sie die Strohballen nicht allzu weit von Ihrer Wasserquelle aufstellen. Am Anfang müssen Sie täglich kräftig wässern, damit die Zersetzung der Strohballen in Gang kommt, und auch später sollen die Strohballen immer gut feucht gehalten werden.

Strohballen beschaffen

Wenn Sie nicht auf dem Land leben und keinen Bauern in der Nähe haben, der handliche Strohballen presst, wird die Beschaffung etwas aufwendiger. Informieren Sie sich, wo zum Beispiel der nächste Milchbauer, Pferdehof oder Schafzüchter ist, und fragen Sie dort nach, ob man Ihnen Strohballen verkaufen kann. Oft gibt es auch bei Bauern, die ihre Viehzucht aufgegeben haben, noch Restbestände von Strohballen, die man günstig oder gar kostenlos bekommen kann. Wenn Sie nicht fündig werden, bleibt nur der Weg über das Internet. Hier finden sich landwirtschaftliche Betriebe, die Strohballen verkaufen, allerdings kommen dann die Transportkosten dazu. Am besten beschaffen Sie sich schon im August eines Jahres, direkt nach der Getreideernte, Ihre Ballen für das nächste Jahr, denn jetzt ist das Angebot größer und die Preise sind niedriger.

Beachten Sie, dass die Strohballen nicht zu groß und zu schwer sein sollten. Es gibt verschiedene Ballenmaße. Ein gut zu handhabendes Maß ist 90 x 45 x 30 Zentimeter. Es spielt keine Rolle, ob Sie Weizen-, Gerste- oder Haferstroh verwenden, denn das Stroh selbst hat ohne Aufbereitung und Dünger keinen Einfluss auf das Pflanzenwachstum.

Achtung!

Heuballen sind für das Gärtnern eher ungeeignet, da diese vielerlei Pflanzen- und Kräutersamen enthalten, die sich unkontrolliert vermehren und unsere Nutzpflanzen negativ beeinflussen können.

Herbizide und Pestizide im Stroh

Leider finden sich heutzutage Rückstände von Pestiziden und Herbiziden in fast allen Lebensmitteln, in allen für den Verzehr gehaltenen Schlachttieren, ja selbst im Wildfisch und im Jagdwild, da auch diese vergiftete Pflanzen fressen. Auch alle unsere Gewässer, das Grundwasser und somit auch das Trinkwasser sind nicht mehr völlig unbelastet. Kein Wunder also, dass auch wir Menschen Reste dieser Giftstoffe ständig in uns tragen. Nachweislich sind diese Gifte zu einem Großteil die Auslöser von schweren Erkrankungen wie Krebs, Nierenversagen, neurologischen Schäden der Nervenbahnen, Unfruchtbarkeit, Allergien und anderen Krankheiten.

Nun muss man wissen, dass alle diese Gifte nicht illegal eingesetzt werden, sondern der Einsatz und die Dosierungsmenge durch EU-Richtlinien geregelt sind. Diese Richtlinien sind von den EU-Mitgliedsstaaten umzusetzen und zu kontrollieren. Allerdings sind die Grenzwerte in den Richtlinien nach Ansicht vieler Mediziner viel zu hoch angesetzt und werden in vielen Staaten nicht konsequent kontrolliert. Für Obst, Gemüse und Fleisch aus Überseestaaten werden nicht einmal die zu hohen Grenzwerte der EU garantiert.

Es wird also wahrscheinlich nicht so ganz leicht, unbelastete Strohballen zu finden. Wenn Sie aber Strohballen haben möchten, die nicht mit Herbiziden und Pestiziden belastet sind, so können Sie Strohballen vom Bio-Bauern holen oder die Strohballen zwei bis drei Jahre trocken lagern, damit sich die Gifte weitgehend abbauen. Die Halbwertszeit der gebräuchlichsten Pflanzenschutzgifte, wie zum Beispiel Glyphosat und Isoproturon, beträgt mindestens ein Jahr. Die Halbwertszeit von vielen anderen Pflanzenschutzgiften liegt noch wesentlich höher.

Ich hatte das Glück, dass ich Strohballen von einem Bauern bekommen konnte, die schon über zehn Jahre in einer Scheune ruhten. So konnte ich davon ausgehen, dass die Belastung des Strohs nur noch sehr gering war.

Am besten suchen Sie einen Bauern in Ihrem näheren Umfeld über das Internet und versuchen dort die gewünschten Strohballen zu bekommen. Im Internet finden Sie Angebote z.B. bei www.demeter.de; www.heu-stroh-boerse.de oder auch bei ebay und amazon.

Einleitung

11

Düngen ist wichtig – aber bitte richtig

Die Frage nach dem richtigen Dünger ist recht einfach zu beantworten. Da unser Strohballen zunächst fast keine Nährstoffe für Pflanzen enthält, muss man hier kräftig nachhelfen und vor allem in der Anfangsphase in den ersten zwei Wochen jeden zweiten Tag düngen, damit der Zersetzungsprozess in Gang kommt und die Strohballen Nährstoffe aufnehmen, die sie später wieder an die Pflanzen abgeben.

In den Strohballen fehlen zunächst alle wichtigen Mineralien wie Phosphate, Nitrate, Magnesium, Kalium und andere. Deshalb gebe ich bei der Vorbereitung zunächst eine Schicht von drei bis fünf Zentimeter Humuserde auf die Strohballen und darauf dann etwa 100 Gramm pro Quadratmeter mineralischen Blaukorndünger. Dieser löst sich nur langsam auf, wird nach und nach von der Humuserde und den sich zersetzenden

Strohfasern aufgenommen und langsam an die Wurzeln der heranwachsenden Pflanzen abgegeben. Mehr künstlichen Mineraldünger sollte man aber nicht geben, denn wenn das Stroh von Mineralien übersättigt ist, werden diese genau wie in der normalen Erde vom Regen ausgeschwemmt. Sie sollten also nur ausnahmsweise und sparsam eingesetzt werden. Wenn man sie im Überfluss gibt und diese von den Pflanzen nicht aufgenommen werden, so spült der nächsten Regen die künstlichen Mineralien ins Grundwasser, was den Nitratgehalt erhöht und auch das Trinkwasser belasten kann.

Natürlicher mineralischer Dünger (Gesteinsmehl, Kalk) ist aber erlaubt und auch wichtig. Im weiteren Verlauf der Gartensaison gibt man nur noch alle vier bis sechs Wochen natürlichen Düngekalk (Calcium, Magnesium) aus Algenablagerungen oder Gartenkalk aus Dolomitgestein. Diese bewirken eine pH-Wert-Anhebung, was unbedingt erforderlich ist, wenn man ansonsten nur organischen Dünger einsetzt. Organischer Dünger ist alles, was aus pflanzlichen Fasern oder tierischem Gewebe zur Zersetzung gebracht bzw. kompostiert wurde. Letztlich wird alles zu Humus, und dieser enthält alle anderen Nährstoffe, die Pflanzen brauchen. Man kann biologisch organischen Dünger in flüssiger Form oder in getrockneter gepresster Form

Pflanzhumus oder Humuserde wird zur Vorbereitung der Anpflanzung oder Aussaat auf Strohballen circa drei bis fünf Zentimeter dick ausgebracht, gedüngt und täglich kräftig gewässert.

als Pellets oder Kügelchen im Gartenhandel kaufen.

Auf die Zugabe von Pflanzhumus oder Humuserde können wir beim Aussäen und Pflanzen auf die Strohballen nicht verzichten, da die Pflanzen die Nährstoffe der Humuserde als Erstversorgung benötigen. Ergänzend können Sie pro Strohballen noch eine Schaufel normale Gartenerde ausstreuen, um auch die humusbildenden Mikrolebewesen einzubringen. Diese werden sich und den Humus mit entsprechenden Düngergaben sehr schnell vermehren.

Bis die Strohballen den gleichen Nährstoffgehalt wie die normale Gartenerde erreicht haben, dauert es bei entsprechender Düngung rund sechs bis acht Wochen. Danach gibt es nur noch einmal wöchentlich reduzierte Gaben eines Bio-Volldüngers (siehe Vorbereitung auf den Seiten 14/15).

Organisch-mineralischer Bio-Volldünger

Nach einigen Recherchen, Gesprächen mit Fachleuten und eigenen Tests habe ich mich für einen Bio-Volldünger entschieden. Dieser enthält alles, was unsere Gemüse-, Obst- und Zierpflanzen benötigen. Davon habe ich zwei Wochen nach dem Anpflanzen bzw. Aussäen jede Woche circa 100 Gramm auf einen Quadratmeter ausgebracht und sehr gute Erfahrungen damit gemacht.

Wenn man den Eindruck hat, dass das Wachstum der Pflanzen stagniert, weil Nährstoffe fehlen, kann man 50 Gramm Volldünger auf einen Liter Wasser auflösen und die betroffenen Pflanzen mit einer kleinen Blumengießkanne einer Extra-Düngergabe unterziehen. Sollte nach fünf Tagen kein Wachstumsfortschritt erkennbar sein, so könnte es sich auch um einen Krankheits- oder Pilzbefall handeln, der das Wachstum verhindert.

Organisch-mineralischer Bio-Volldünger enthält alle wichtigen Pflanzennährstoffe.

Unsere Tipps für einen natürlichen Garten

- Als eine wertvolle Ressource soll Wasser nicht verschwendet werden. Sammeln von Regenwasser hilft der Umwelt und den Pflanzen.
- Bevorzugt in der Früh oder am Abend gießen, der kräftig und wurzeltief als nur leicht und oberflächlich. Damit das Auftreten von Krankheiten nicht begünstigt wird, nur den Wurzelbereich wässern und nicht über die Blätter gießen.
- Vor der Durchführung der Pflanzarbeiten empfehlen wir die Bodenqualität zu überprüfen und falls notwendig zu verbessern. Schwere Böden können mit Hilfe von Spaten, Grabegabel oder durch rechtzeitig Aussaat einer tiefwurzelnden Gründüngung gelockert werden.
- Vor der Anwendung bitte die empfohlenen Dosiermengen auf der Verpackung beachten.
- Offener Boden unterhalb von Beerensträuchern und Obstgehölzen kann durch eine dünne Mulchschicht (z.B. Laub, angetrockneter Rasenschnitt, bei Beerensträuchern auch Rindenmulch) vor Verunkrautung und Wasserverdunstung geschützt werden. Erdbeeren erhalten eine Schicht aus Strohmulch gegen Pilzbefall und Verunreinigung der Früchte.

Weitere Tipps unter www.naturen-garten.at
www.naturen-garten.de

Organisch-mineralischer Volldünger
Für den Hobby- und Gartenbereich. Chloridarm
6,0 % N Gesamtstickstoff
   5,7 % N organisch gebundener Stickstoff
3,0 % P_2O_5 Gesamtphosphat
3,0 % K_2O Gesamtkaliumoxid
   2,7 % K_2O wasserlösliches Kaliumoxid
14,0 % CaO Calciumoxid
6,0 % MgO Magnesiumoxid
0,03 % Zn Zink
39 % organische Substanz (i.d. TS)
Ausgangsstoffe: Federmehl (Material der Kategorie 3 nach Verordnung EG 1069/2009), Vinasse , Dolomit, mineralisches Dicalciumphosphat (natürlichen Ursprungs), Kaliumsulfat (aus Kalirohsalz)
Sachgerechte Lagerung: Kühl und trocken in der Originalverpackung lagern, vor Sonne schützen. Anbruchpackung gut verschließen. Für Kinder und Tiere unerreichbar aufbewahren.
Sachgerechte Anwendung: Produkt nicht in Abwässer oder freie Gewässer gelangen lassen. Keine Mischung mit Futtermitteln. Dünger in den Boden einarbeiten. Detaillierte Anwendungshinweise siehe Packungstext.

Inhalt: 4 kg netto

BIO GARTENDÜNGER für Obst, Gemüse- & Zierpflanzen

Naturen

Vorbereiten der Strohballen

Ab Anfang April stellt man die Strohballen im Freien auf, um diese für die Bepflanzung und Aussaat vorzubereiten.

Wie schon erwähnt, ist im Stroh kaum etwas anderes enthalten als nährstoffarme und trockene Zellfasern. Damit auf dieser „Strohwüste" etwas wachsen kann, müssen wir einen Prozess der Zersetzung der Strohfasern in Gang setzen. Hierzu braucht man vor allem Wasser. Darüber hinaus benötigt man Dünger und einen Zersetzungsbeschleuniger. Egal, was Sie auf den Strohballen anpflanzen oder aussäen wollen, die Vorbereitung ist immer gleich:

♠ Stellen Sie Ihre Strohballen in der gewünschten Formation als Ballenbeet, in Reihe oder als Einzelballen mit der schmalen Schnittseite nach oben auf.

♠ Am ersten Tag bringt man ca. 100 Gramm organischen Biodünger je Quadratmeter aus (Abb. 1) und wässert die Ballen mit klarem, kalten Wasser – vorzugsweise Regenwasser. Bei der ersten Wässerung bringt man etwa 20 Liter auf einen Quadratmeter mit der Gießkanne aus (zwei große Gießkannen je 10 Liter).

♠ Am zweiten Tag bedeckt man die Oberseite der Strohballen mit drei bis fünf Zentimeter feiner Humuserde oder gutem Pflanz-Humus vom Fachhandel. In der Erde sollten keine zusätzlichen Dünger enthalten sein, da dies die Dosierung der eigenen Dünger verfälschen würde.

Abb. 1

♠ Auf die Humuserde bringt man (ausnahmsweise) 100 Gramm künstlichen Mineraldünger aus und wässert erneut mit 10 Liter Wasser je Quadratmeter (Abb. 2).

♠ Am dritten Tag wässert man erneut mit 10 Liter Wasser pro Quadratmeter, aber ohne vorherige Gabe von Dünger.

♠ Am vierten Tag schalten wir den Zersetzungsturbo Humofix® ein. Dazu müssen wir drei Tage vorher einen Liter Humofix® für jeden Quadratmeter Pflanzfläche ansetzen, damit wir genügend zur Verfügung haben (siehe Herstellung von Humofix® auf Seite 17). Hierzu bohren wir mit einem 2 Zentimeter starken angespitzten Stock etwa 20 Zentimeter tiefe Löcher im Abstand von je 10 Zentimeter zueinander in

Abb. 2

Abb. 3

die Strohballen (Abb. 3). In diese Löcher gießen wir pro Quadratmeter 10 Liter Wasser, die mit 100 ml Humofix®-Ansatz aufgefüllt und gemischt wurden (Abb. 4).

♣ Ab dem fünften Tag wässern wir täglich mit 10 Liter Wasser pro Quadratmeter und geben jeden zweiten Tag ca. 100 Gramm organischen Biodünger je Quadratmeter dazu. Diese Phase endet mit dem 14. Tag. In der Zwischenzeit sollte der Zersetzungsprozess in vollem Gange sein und das Innere der Strohballen eine Temperatur von circa 50 bis 60 °C oder mehr erreicht haben. Dies kann man mit einem Back- oder Bratthermometer kontrollieren. Bei starkem Regen kann man die Wassergaben auch ausfallen lassen.

♣ Vom fünfzehnten bis zum zwanzigsten Tag düngen wir nicht. Wir geben nur die üblichen 10 Liter Wasser pro Quadratmeter (außer bei starkem Regen).

Abb. 4

♣ Ab dem zwanzigsten Tag sollte die Zersetzungshitze abklingen und bei ca. 35 bis 40 °C liegen. Unsere Strohballen sind nun bereit für die Aufnahme von Pflanzen und Samen.

♣ Sobald wir unsere Strohballen bepflanzt haben, düngen wir nur noch einmal in der Woche (ca. 100 g auf einen Quadratmeter) mit organisch-mineralischem Bio-Volldünger (siehe Seite 13).

Einleitung

Eine Gartenfreundin hatte mich auf das Kompostwundermittel Humofix® aufmerksam gemacht. Es ist ein Pulver aus Naturprodukten, das man mit Wasser ansetzt und danach als Schnellkompostierer, Bio-Dünger und Pflanzenschutzmittel einsetzen kann. Entdeckt wurde es in England. Die Benediktiner-Ordensschwestern der Abtei Fulda haben es perfektioniert und vertreiben es heute unter dem Namen Humofix®.

Auf der Homepage der Benediktiner-Abtei Fulda steht zu lesen:

„Es war viel mehr als ein Zufall, als unsere Schwester Laurentia Dombrowski 1948 beim Übersetzen einer Jahreschronik aus der englischen Benediktinerinnen-Abtei Stanbrook erfuhr, dass im dortigen Garten mit einem Kräuterpulver gearbeitet wurde, das in unglaublich kurzer Zeit Gartenabfälle in gute Komposterde verwandelte. Schwester Laurentia ließ eine Probe des Pulvers – „Quick-Return-Powder" hieß es damals in England – kommen und die Gartenschwestern probierten es aus. Der Erfolg sprach für sich: Nach nur fünf Wochen war aus Garten- und Küchenabfällen krümeliger, wunderbar duftender Humus geworden. [...] Bald erhielt das Pulver auch einen Namen: Humofix. Es besteht aus fünf Kräutern unseres Gartens, Eichenrinde, Milchzucker und Honig, alles fein pulverisiert und vermengt.

Beim Arbeiten mit dem Kräuterpulver wurde herausgefunden, dass Humofix nicht nur gut zum Kompostbau verwendet werden kann, sondern auch ein hervorragender Blumendünger ist."

Aufbereitung und Wirkung von Humofix®

Das Pulver eines Tütchens wird in einem Messbecher mit einem Liter Wasser angesetzt und danach zwei Tage lang mehrmals täglich umgerührt. Am dritten Tag ist der Humofix-Ansatz gebrauchsfertig und kann zwei bis drei Wochen in einer Flasche dunkel und kühl gelagert werden. Der flüssige Ansatz wird in verdünnter Form (100 Milliliter auf 10 Liter Wasser) zur Beschleunigung der Zersetzung bei der Kompostierung eingesetzt. Die zur Zersetzung notwendigen Mikroben werden durch Humofix® positiv stimuliert, sodass sich die Umwandlung organischen Materials in Humus beschleunigt. Dieser Prozess erzeugt eine Temperatur von 60 bis 65 °C im Kompost und auch in unseren Strohballen, wodurch Unkraut-Samen, Schädlinge und Krankheitserreger zerstört werden. Zur Aktivierung des Zersetzungsprozesses in Strohballen werden nur einmal 100 Milliliter Humofix-Ansatz in 10 Liter Regenwasser gerührt und auf einen Quadratmeter Pflanzfläche auf unseren Strohballen ausgebracht. Das Pulver kann man selbst herstellen oder über „www.abtei-fulda.de" bestellen.

Humofix® selbst herstellen

Zutaten zur Herstellung von Humofix®:

- ♠ Baldrianwurzeln
- ♠ Brennnesseln
- ♠ Kamillenblüten (echte Kamille)
- ♠ Löwenzahnblätter
- ♠ Eichenrinde
- ♠ Schafgarbenblüten

Diese werden bei 40 °C im Backofen getrocknet, bis sie staubtrocken sind und man sie in den Händen bzw. im Mörser zerkleinern und pulverisieren kann. Am besten bewahrt man größere Mengen der getrockneten Kräuter als Pulver in Gläsern mit Schraubdeckel auf, so hat man über einen längeren Zeitraum immer einen Vorrat, um das Humofixpulver herzustellen.

Zur Herstellung von Humofix® werden die Kräuterpulver zu gleichen Teilen gemischt. Am besten mischt man einen gestrichenen Esslöffel von jedem der pulverisierten Kräuter und der Eichenrinde in einem sauberen Glas mit Schraubdeckel. Von dieser Mischung gibt man einen Teelöffel (ca. 2 Gramm) in einen großen Messbecher und dazu noch je einen halben Teelöffel Milchzucker aus dem Reformhaus und einen halben Teelöffel Bio-Blütenhonig. Dann gießt man 1 Liter Regenwasser auf und rührt alles kräftig um. Diesen Liter Humofix®-Ansatz lassen Sie zwei Tage lang ziehen und rühren ihn täglich mehrmals um. Nach zwei Tagen ist der Humofix®-Ansatz gebrauchsfertig. Von diesem Ansatz geben Sie je ein Zehntel (= 1 cl) in eine Gießkanne mit zehn Liter Wasser und bringen es, wie auf den Seiten 14/15 beschrieben, auf die Strohballen aus.

Weitere Verwendung

Humofix® verwendet man hauptsächlich zur Beschleunigung der Zersetzung des Komposthaufens, das heißt zur Aktivierung der Mikroben und Kleinstlebewesen, die das organische Material zu Humus umwandeln. Humofix® kann waagrecht auf die verschiedenen 10 Zentimeter hohen Schichten des Komposts gegossen werden. Man kann auch mit einem Stab senkrechte Löcher mit circa drei Zentimeter Durchmesser und 10 Zentimeter Abstand in den Komposthaufen bohren und in die Löcher das verdünnte Humofix® gießen.

Auch als Bio-Dünger für Blumen und Zimmerpflanzen ist Humofix® geeignet. Es beugt Milben und Pilzkrankheiten vor und verstärkt die biologischen Prozesse der Kleinstlebewesen in der Erde. Das Gleiche gilt auch für alle Zier- und Nutzpflanzen im Freiland.

Kompost- oder Humuserde sind unverzichtbar. Diese bringt viele nützliche Mikroben und Kleinstlebewesen in unsere Strohballen.

Einleitung

17

Beete und Pflanzen

Wenn Sie sich entschieden haben, wie viele Beete und welche Pflanzen Sie anbauen möchten, so machen Sie sich jeweils eine kleine Skizze und bereiten dann die Strohballen vor, damit diese rechtzeitig bepflanzt werden können.

Der Start

Auf den folgenden Seiten zeige ich Ihnen, wie ich begonnen habe. Ich hatte mich dafür entschieden, dass ich Anfang April mit drei Beeten starten wollte, wobei ich eines davon auch als Frühbeet anlegen und mit Folie überdachen wollte.

Zunächst habe ich ein Stück meines Gartens mit rund 6 x 2 Meter für meine ersten Strohballen-Versuchsbeete hergerichtet, das heißt, ich habe den Gartenboden nach der Winterruhe oberflächlich mit der Harke gelockert, damit die sauerstoffabhängigen Mikroorganismen, die in den oberen zehn Zentimetern der Erde leben, nicht gefährdet werden. Das Umgraben des Gartens ist bei mir aus biologischen Gründen streng verboten, da dies die aeroben Mikrolebewesen umbringen würde, was für die Humusbildung im Gartenboden eine Katastrophe ist (Abb. 1). Auch wenn ich diese Gartenerde jetzt nicht direkt zur Anzucht von Pflanzen nutzen

Abb. 2

wollte, so war ich doch überzeugt, dass ich meine wichtigsten „Mitarbeiter" im Gartenboden nicht umbringen darf. Außerdem sollten die Mikroorganismen mir auch noch beim Gärtnern auf Strohballen behilflich sein.

Im nächsten Schritt habe ich drei Strohballenbeete aufgestellt. Zwei Beete mit drei Strohballen je 90 x 45 x 30 Zentimeter, wobei die schmalste Seite (die Schnittseite) nach oben bzw. nach unten ausgerichtet ist (Abb. 2). Das dritte Beet bestand aus vier Strohballen je 90 x 45 x 30 Zentimeter und war als Basis für ein Frühbeet oder Minitreibhaus vorgesehen.

Damit die Strohballen der einzelnen Beete nicht auseinanderfallen und dicht beieinander bleiben, habe ich diese mit einem stabilen Bindedraht umwickelt und fixiert. Da bei entsprechender Behandlung die Ballen

recht schnell verrotten, müssen diese nach spätestens acht Wochen durch Sicherungsumrandungen mit Pfählen und Brettern zusammengehalten werden.

Damit Ihr Garten auch bei schlechtem Wetter gut begehbar ist, legen Sie zwischen die einzelnen Beete immer Beton- oder Natursteinplatten als sauberen Fußweg. Das ist wichtig, denn auch bei schlechtem Wetter sollte man seinen Garten nicht aus den Augen verlieren und täglich mindestens einen Kontrollgang unternehmen.

Nach dem Aufstellen werden die Strohballen gedüngt und gewässert. Beachten Sie hierzu die Anleitungen auf den Seiten 12 bis 17. Es sind wichtige Voraussetzungen für den Erfolg der Pflanzenzucht auf Strohballen.

Beete und Pflanzen

Abb. 3

Die Vorbereitungszeit für die Strohballen mit dem Prozess der Verrottung bis zur Bepflanzung oder Aussaat beträgt etwa 20 Tage. So habe ich auch den Ablauf für die Anlage mit allen Schritten (siehe die Seiten 14/15) berechnet. Das bedeutet, dass Sie rechtzeitig vor der geplanten Aussaat mit der Anlage der Strohballenbeete beginnen müssen.

Fiebermessen vor der Aussaat

Sicherheitshalber sollten Sie vor der Aussaat bzw. dem Anpflanzen noch einmal die innere Temperatur der Ballen kontrollieren. Sie können dies mit einem Fieberthermometer oder einem Bratthermometer tun. Stecken Sie das Thermometer mindestens 15 Zentimeter tief in die Strohballen und belassen Sie es eine Minute dort, bevor Sie es herausziehen und die Temperatur ablesen.

Wenn die Temperatur nicht über 40 °C liegt, können Sie mit der Aussaat beginnen. Liegt die Temperatur höher, müssen Sie noch ein paar Tage warten, da sonst das Saatgut bzw. die Jungpflanzen auf dem Strohballen verbrennen würden.

Ich habe mit der Anlage der Beete (Abb. 3) am 1. April begonnen und konnte bereits am 18. April mit der Aussaat und dem Anpflanzen des ersten Beetes mit Frühbeet bzw. Treibhaus beginnen, da sich die Innentemperatur schon auf 38 °C reduziert hatte und ich dieses Beet als Frühbeet mit Minitreibhaus geplant hatte. Somit hatte ich fast vier Wochen Vorsprung vor der normalen Aussaatzeit, die erst nach den Eisheiligen Mitte Mai beginnt.

Die Pflanzengemeinschaften

Wie bei den normalen Pflanzungen im Freilandgarten, sollte man auch bei der Bepflanzung der Strohballen diverse Vorlieben und Unverträglichkeiten bei Pflanzen beachten. Es wird sich nicht immer alles berücksichtigen lassen, aber man sollte versuchen, eine gute Pflanzenkombination zu erreichen. Die nachfolgende Tabelle mag Ihnen eine Hilfe sein. Grundsätzlich sollte man artverwandte Gewächse nicht nebeneinander pflanzen. Neben eine tiefwurzelnde sollte eine flachwurzelnde Art kommen, damit sie nicht um die Nährstoffe kämpfen müssen. Spätreifende Pflanzen sollten in der Mitte und frühreifende Pflanzen am Rand eines Beetes stehen.

Kulturpflanze	Gute Nachbarn	Schlechte Nachbarn
Brokkoli	Buschbohnen, Lauch, alle Salate, Spinat, Sellerie, Tomaten	Knoblauch, Zwiebeln
Buschbohnen	Erdbeeren, Kohl, Mangold, Rote Bete, Sellerie	Erbsen, Fenchel, Knoblauch, Zwiebeln, Tomaten
Erbsen	Fenchel, Kohl, Möhren, Rettich	Buschbohnen, Knoblauch, Tomaten, Zwiebeln
Erdbeeren	Buschbohnen, alle Salate, Petersilie, Rettich, Spinat, Zwiebeln	keine
Feldsalat	Erdbeeren, Kohl, Lauch, Zwiebeln	keine
Fenchel	Erbsen, Knoblauch, alle Salate	Buschbohnen, Tomaten
Grünkohl	Buschbohnen, Lauch, Spinat	Knoblauch, Zwiebeln
Kopf-/Pflücksalat	Buschbohnen, Erbsen, Fenchel, Sellerie, Spinat, Zwiebeln	Petersilie
Lauch/Porree	Bohnenkraut, alle Salate, Radieschen	Kartoffeln, Lauch
Mangold	Buschbohnen, Kohl	keine
Möhren	Erbsen, Knoblauch, alle Salate	keine
Paprika	alle Salate, Schnittlauch, Ruccola	Erbsen, Rote Bete
Pastinaken	Buschbohnen, Sellerie	Erbsen, Fenchel, Knoblauch, Lauch
Radieschen	Erbsen, Knoblauch, alle Salate	Knoblauch, Zwiebeln
Rosenkohl	alle Pflanzen und Kräuter	keine
Rote Bete	Lauch, Sellerie	keine
Ruccola	Paprika, Schnittlauch, Kopfsalat	Zwiebeln, Petersilie
Sellerie	Buschbohnen, Kohl, Lauch	Zwiebeln
Spargel, grün, wild	alle Salate, Spinat, Mangold	keine
Spinat	Feldsalat, Kohl	keine
Steckrüben	Kohl, Zwiebeln	Erbsen, Fenchel, Kartoffeln
Tomaten	Möhren, Lauch, Zwiebeln	Buschbohnen, Knoblauch, Spargel
Zwiebeln	Erdbeeren, Kohl, Lauch, Möhren	Sellerie

Ein Strohballenbeet mit kleinem Treibhaus

Das erste Beet meiner Strohballengärtnerei habe ich gleich als Frühbeet mit kleinem Treibhaus angelegt, um einen Erntevorsprung von etwa vier Wochen zu erreichen.

Material und Aufbau

Anfang April stellt man vier Strohballen im Format 90 x 45 x 30 Zentimeter (oder ähnlicher Größe) mit der Schnittkante nach oben nebeneinander auf und beginnt sie zu wässern und zu düngen, damit die Zersetzung in Gang gesetzt wird (siehe Seite 20).

Durch das Treibhaus muss man nicht bis zum Beginn der Pflanzzeit Mitte Mai (nach den Eisheiligen) warten. Das kleine Treibhaus baut man mit Stäben, Stöcken und Folie direkt um die Strohballen herum, sodass man die auf der Fensterbank vorgezogenen oder gekauften Pflanzen sowie erste Sämereien schon Ende April ausbringen kann.

Mit Stäben aus Holz, Bambus oder Metall baut man ein einfaches Gerüst für ein kleines Treib- oder Gewächshaus. Die in Abb. 1 gezeigten langen grünen Stäbe sind Metallpfosten aus dem Gartenmarkt, die man mithilfe von verzinkten Metallfüßen in der Erde verankert. Einfacher und preiswerter ist es, Holzpfosten anzuspitzen und in die Erde einzuschlagen. Für die Quer- und Längsstreben kann man dann leichtere Haselnuss- oder Bambusstäbe benutzen (Abb. 1). Das ist kein Kunstwerk, aber einfach, schnell und preiswert auch für ungeübte Hobbygärtner zu erstellen. Auf der nächsten Seite oben finden Sie die Anzahl und die Länge der benötigten Stäbe.

Sie benötigen für das Treibhaus:

① = Zwei Mittelpfosten je 140 Zentimeter
② = Vier Eckpfosten je 110 Zentimeter
③ = Drei Längsstäbe (Dachpfetten) je 160 Zentimeter
④ = Vier Traufstäbe (Dachsparren), je 60 Zentimeter

Abb. 1

Ein Strohballenbeet mit kleinem Treibhaus

Bepflanzung des Frühbeets

In diesem Fall hatte ich mich für Eisbergsalat als vorgezogene Pflanzen sowie Ruccola, Schnittlauch und Radieschen zur Aussaat als schnellwachsende Erntepflanzen entschieden. In die Mitte sollten zusätzlich noch vier Paprikapflanzen, deren Früchte erst im August/September zur Reife kommen. Dazu hatte ich mir eine einfache Bleistiftskizze erstellt, damit ganz klar war, was ich wie auspflanzen oder aussäen möchte, und konnte anhand dieser auch meine Beschaffungsliste erstellen (Abb. 2). Bleistiftskizzen haben den Vorteil, dass man auch wieder etwas wegradieren und korrigieren kann.

Die jungen Salat- und Paprikapflanzen setzt man in vorbereitete Pflanzmulden von rund 10 Zentimeter Tiefe und mit 10 Zentimeter Durchmesser. Die Mulden füllt man zur Hälfte mit Pflanz- oder Humuserde. Dann setzt man die Jungpflanzen hinein, drückt sie fest an und füllt die Mulde rundum mit Pflanzerde auf. Danach kräftig wässern und die Erde in der Pflanzmulde noch einmal fest andrücken. Falls nötig, noch etwas Pflanzerde ergänzen.

Für die Aussaat den Untergrund der Saatreihen etwa 6 Zentimeter tief in die Strohballen eindrücken, dann 5 Zentimeter dick Humusboden in die Reihen streuen, die Samenkörner nicht zu dicht ausbringen und dann 1 Zentimeter Boden darüberstreuen. Nach dem Pflanzen und Säen alles kräftig mit der Gießkanne wässern und auch in der Folge mindestens einmal am Tag gut wässern. Düngen Sie mit Bio-Volldünger frühestens zwei Wochen nach Aussaat und Anpflanzung, wenn die Pflanzen bereits gut angewachsen und die Samen gekeimt sind (siehe Seite 13).

In Abb. 3 sieht man, wie das Beet angelegt ist: Acht Eisbergsalatpflanzen ① und vier Paprikapflanzen ② werden eingepflanzt. Dazwischen werden in je einer Reihe die Samen von Ruccola, Schnittlauch und Radieschen ca. 10 Millimeter tief gelegt. Machen Sie dabei aber nicht den gleichen Fehler wie ich und legen Sie die Reihen nicht auf den Ritzen zwischen den Strohballen an. Durch das Wässern und starken Regen können sich die Samen samt Humuserde in die Ritze zwischen den Strohballen absenken, was das Wachstum verzögert oder

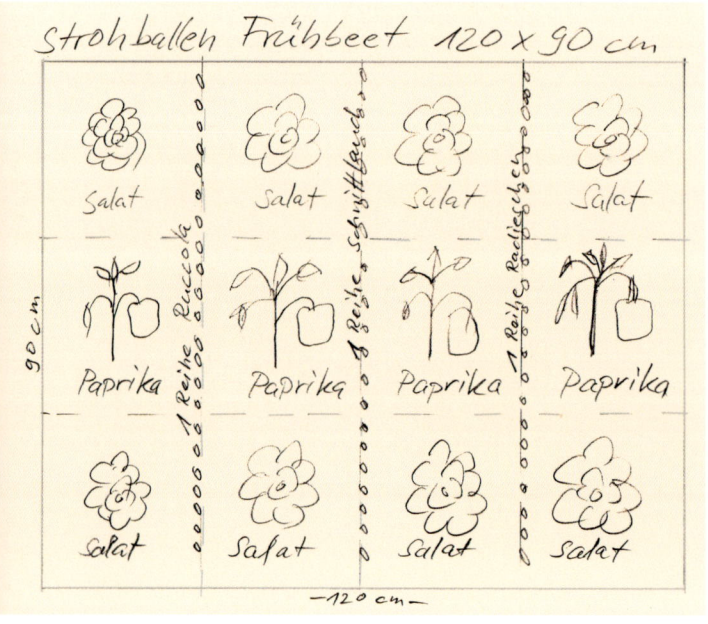

Abb. 3

ganz verhindert. Also besser die Saatreihen quer zur Strohballenausrichtung anlegen (siehe Abb. 3: gestrichelte Linien rot = falsche Richtung; grün = richtige Richtung).

Obwohl sich die Saat recht tief in die Strohballen verkrochen hatte, waren nach 8 Tagen die Keimlinge der Radieschen (Abb. 4) und des Ruccola (Abb. 5) sichtbar. Auf den Schnittlauch musste ich zwei Wochen warten. Aber dann wuchs er sehr schnell. Die Jungpflanzen der Radieschen muss man nach gut einer Woche auslichten (vereinzeln), damit sie etwa in einem Abstand von zwei Zentimetern zueinander stehen und genügend Platz haben. Bei Ruccola und Schnittlauch ist dies nicht erforderlich.

Abb. 4   Abb. 5

Abb. 6

Das kleine Treibhaus hat man leicht in ein bis zwei Stunden zusammengebaut. Es ist auch nur für die kurze Zeit von Ende April bis Ende Mai gedacht, damit die Pflanzen nicht durch eventuelle Nachtfröste Schaden nehmen.

Der Zersetzungsprozess im Inneren der Strohballen sorgt noch immer für eine Wärme von ca. 25 bis 30 °C. Abends wirft man eine ausreichend große Klarsichtfolie von ca. 0,5 Millimeter Stärke über das Gerüst aus Stäben. An diese Folie habe ich längsseits je eine Dachlatte mit einem Klammerschussgerät befestigt, sodass ich die Folie morgens schnell wieder auf die Dachlatten aufrollen und abnehmen kann. Die Folie muss man tagsüber abnehmen oder zumindest sehr weit öffnen, damit es durch die Sonneneinstrahlung nicht zu heiß darunter wird und die Pflanzen buchstäblich „verbrennen". Abends kommt die Folie wieder über das Gestell und wird mit Heringen in die Strohballen festgesteckt (Abb. 6). Das Abnehmen und Auflegen der Folie dauert maximal eine Minute und ist ein kleiner Aufwand, der sich lohnt.

Ab Mitte Mai muss man in den gemäßigten mitteleuropäischen Klimazonen normalerweise nicht mehr mit Nachtfrost rechnen, aber ich achte dennoch immer auf den Wetterbericht, damit nicht eventuell doch noch Frostschäden entstehen. In Lagen über 800 Meter N.N. sind Nachtfröste und kurzzeitige Wintereinbrüche bis in den Juni hinein keine Seltenheit. Erfahrene Gärtner und Bauern in diesen Regionen wissen dies natürlich.

Achtung! Schnecken haben auch Hunger

Bei feuchtwarmer Witterung im Mai muss man auch mit verstärkter Aktivität der Schnecken rechnen. Normalerweise mögen die Schnecken das stachlige Stroh nicht, aber im Mai ist die Auswahl an Futterpflanzen noch nicht so groß, sodass die Schnecken auch vor dem Stroh nicht zurückschrecken und Ihre jungen Salatpflanzen abfressen.

Es gibt aber verschiedene Arten biologischer Schneckenabwehr im Fachhandel. Ich bevorzuge einen „Ring of Fire" aus Kochsalz. Schneckenkorn ist reines Gift und sollte nicht zum Einsatz kommen, wenn Sie Ihr Gemüse bedenkenlos essen möchten (siehe auch Seite 89).

Mein Tipp:

Um Pflanzenbeete ohne Treibhaus kurzfristig durch ein provisorisches Zeltdach vor späten Nachtfrösten schützen zu können, halte ich immer einige Holzstangen und alte Wolldecken bereit. Das Wetter hält sich nicht immer an die Regeln und es gibt manchmal auch nach den Eisheiligen noch starke Nachtfröste. Beachten Sie immer den Wetterbericht.

Abb. 7

Abb. 8

Erfahrungsbericht

Bis Ende Mai hatte das Strohballenbeet im Treibhaus gute Fortschritte gemacht. Zwischenzeitlich hatte ich die Jungpflanzen der Radieschen vereinzelt und konnte bereits Anfang Juni erste Radieschen, Schnittlauch und frischen Ruccola ernten.

Leider hatte im Juni auch ein schwerer Gewittersturm mit heftigem Hagel vor allem den Paprikapflanzen arg zugesetzt. Es zeigte sich aber, dass die Pflanzen offensichtlich recht gesund und widerstandsfähig waren, denn die Schäden hatten sich rasch ausgewachsen und man konnte nach drei Wochen nur noch wenig von den Blattschäden erkennen (Abb. 7 und 8). Mit zunehmender Größe der Paprikapflanzen wurde es notwenig, diese durch Stäbe zu stützen, da die Standfestigkeit der Pflanzen mit dem Behang vieler Früchte auf den Strohballen nicht ausreichend war. Dank des warmen und sonnigen Wetters im August und September konnte ich viele rote Paprikafrüchte bis in den Oktober hinein ernten (Abb. 9 und 10).

Einige der Eisbergsalatpflanzen wurden allerdings ein Opfer der Schnecken, die sich während einer Regenperiode auch vom stachligen Stroh nicht abhalten ließen. Als ich dies bemerkte, kam aber jede Rettung zu spät.

Über den ganzen Sommer bis in den Oktober konnten wir frischen Ruccolasalat und Schnittlauch ernten, da die abgeschnittenen Pflanzen immer neu austrieben.

Abb. 9

Abb. 10

Tomaten, Möhren und Zwiebeln auf Stroh

Abb. 1

Das zweite Beet meiner Strohballengärtnerei widmete ich Tomaten, Möhren und Zwiebeln. Ich habe zunächst ganz bewusst auf Experimente verzichtet und Pflanzen angebaut, von denen ich glaubte, dass sie mir wenig Probleme machen würden. Bei den Tomaten war ich davon allerdings nicht überzeugt, da ich nicht wusste, wie sich die großen Pflanzen auf Strohballen entwickeln würden. Bei Zwiebeln und Möhren hatte ich keine Zweifel, dass diese sich wohlfühlen würden, zumal ich ja schon etwas Erfahrung aus der Anlage des Frühbeetes hatte.

Bepflanzung und Aussaat

Zunächst ließ ich die „Kalte Sophie" am 15. Mai noch vorübergehen, aber am Nachmittag des 16. Mai gab es für mich kein Halten mehr. Jetzt sollten auch die beiden anderen bereits vorbereiteten Strohballenbeete bepflanzt werden. So nahm ich mir das nächste Strohballenbeet mit drei Strohballen je 90 x 45 x 30 Zentimeter vor (Abb. 1). Eine kleine Planungsskizze hatte ich mir auch wieder gemacht (Abb. 2). Zwei vorgezogene Tomatenpflanzen aus der Gärtnerei setzte ich in vorbereitete Pflanzmulden von rund

Abb. 3

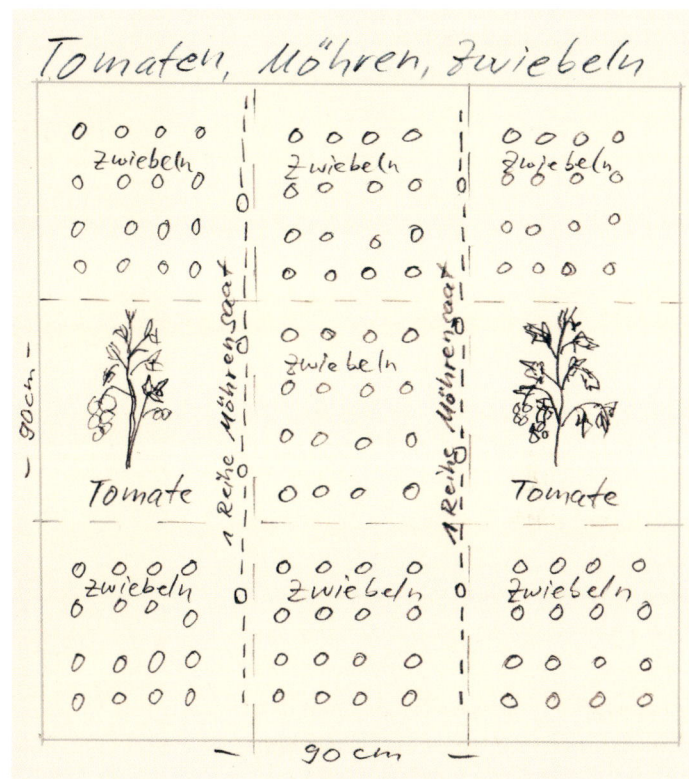

Abb. 2

10 Zentimeter Tiefe und mit 10 Zentimeter Durchmesser (Abb. 3). Die Mulden füllte ich zur Hälfte mit Pflanz- oder Humuserde, setzte die Jungpflanzen hinein, drückte sie fest an und füllte die Mulde rundum mit Pflanzerde auf. Danach habe ich kräftig gewässert und die Pflanzen in der Pflanzmulde noch einmal fest angedrückt. Wo nötig, habe ich nach dem Wässern rundum Erde ergänzt. Wie der Name schon sagt, brauchen Stab-Tomaten von Anfang an einen Stab als Stütze. Auf den Strohballen ist das besonders wichtig, da die Verankerung der Wurzeln im Stroh nicht so stark ist wie in der normalen Gartenerde (Abb. 4). Mit fortschreitender Größe müssen auch die Stützen höher werden.

Abb. 4

Steckzwiebeln ausbringen

Wie in der Planungsskizze (Abb. 2) erkennbar, wird dieses geplante Strohballenbeet von Zwiebeln dominiert. Dies hatte ich bewusst so geplant, da die Zwiebeln nur flach wurzeln und den Tomaten und Möhren keine Nährstoffe entziehen. Außerdem sollten sie schädliche Insekten und Pilze fernhalten.

Steckzwiebeln aller Größen und Arten gibt es im Frühjahr in jedem Gartenmarkt (Abb. 5). Für die Zwiebeln habe ich mit einem angespitzten Holzstöckchen von rund zwei Zentimeter Dicke etwa zwei bis drei Zentimeter tiefe Pflanzlöcher in die Strohballen gestochen. Dann wurden die Steckzwiebeln in die Löcher gesteckt, mit Humuserde abgedeckt und gewässert. Die Spitzen der Zwiebeln dürfen ruhig oben noch etwas aus den Pflanzlöchern herausschauen. Die Zwiebelknollen sollten aber komplett mit Humuserde bedeckt sein (Abb. 6 und 7).

Abb. 5

Abb. 6

Abb. 7

Abb. 8

Möhren aussäen

Das Aussäen der Möhren ist eine einfache Sache. Man muss nur ein paar grundlegende Dinge beachten. Die Tiefe der Möhrenaussaat sollte maximal 1,5 Zentimeter betragen. Auch hier ist wieder zu beachten, dass der Untergrund der Pflanzrinne im Strohballen gut verdichtet wird, damit das Saatgut nicht in den Untergrund des Strohballens absinkt. Mit einem etwa fünf Zentimeter dicken Stock habe ich die Pflanzrinne etwa sechs bis acht Zentimeter tief in den Strohballen eingedrückt und verdichtet. Dann wird die Rinne komplett mit Humus- oder Pflanzerde gefüllt und noch einmal leicht angepresst, sodass eine flache Pflanzrinne von ca. 1,5 Zentimeter Tiefe entsteht, in die man die Samen ausbringt. Am besten nimmt man Möhrensamen, der in eine mineralische Hülle verpackt ist. Das sind weiße Kügelchen, die den Samen enthalten. Diese Kügelchen kann man gleich mit dem richtigen Abstand von rund einem bis zwei Zentimeter zueinander aussäen. Der normale Möhrensamen ohne Hülle ist so klein, dass man ihn kaum sehen und nicht steuern kann, wie dicht man ihn aussät, sodass später ein Vereinzeln der Jungpflanzen erforderlich wird (Abb. 8). In die Saatrinne habe ich alle 10 Zentimeter eine Steckzwiebel eingebracht. Diese sollen die weißen Fliegen von den Möhren fernhalten.

Abb. 9

Abb. 10

Erfahrungsbericht

Der Mai und Juni waren insgesamt sehr kühl und regnerisch. Die Tomaten wuchsen aber dennoch prächtig, setzten viele Blüten und dank vieler fleißiger Hummeln als Bestäuber auch viele Früchte an. So konnte ich bis Anfang Juli auch die ersten reifen Tomaten ernten (Abb. 11 und 12).

Das Wachstum der Möhren war sehr verhalten. Offensichtlich war es auch hier so, dass die Samen durch den vielen Regen ziemlich tief in die Strohballen gespült wurden und so auch erst sehr spät an der Oberfläche sichtbar wurden (Abb. 9).

Durch den Regen ging die Zersetzung der Strohballen rasch voran, sodass sie bis Ende Juni bereits auf die Hälfte ihrer ursprünglichen Höhe zusammengesackt waren und ich mit Brettern und Holzpflöcken die Ballen abstützen musste, damit sie nicht gänzlich auseinanderfielen (Abb. 10).

Die Zwiebeln wuchsen in den ersten Wochen recht gut, aber der nasse und kühle Juni gefiel ihnen gar nicht. Sie stellten das Wachstum fast komplett ein. Vermutlich habe ich bei den Zwiebeln auch nicht genügend organisch-mineralischen Volldünger nachgeführt. Da die Zwiebeln nur sehr flach wurzeln und das sich zersetzende Stroh an der Oberfläche immer poröser und damit auch luft- und wasserdurchlässiger wurde, bekamen die Zwiebeln wahrscheinlich zu wenig Feuchtigkeit und Nährstoffe ab (Abb. 9 u. 10). Die etwas größeren Zwiebeln habe ich im August geerntet und die kleineren bis Ende September im Stroh belassen.

Abb. 11

Abb. 12

Abb. 13

Im August wuchsen dann auch die Möhren bei sommerlichen 25 bis 35 °C deutlich besser, sodass ich Ende September auch noch recht ordentliche Möhren ernten konnte. Die Qualität war gut, die Menge war mit knapp 2,5 Kilogramm überschaubar. Aber was kann man von zwei Reihen Möhren mit je 90 Zentimeter Länge erwarten (Abb. 13 bis 15)?

Die Tomatenstöcke hatten durch die anhaltende Regenperiode im Juni etwas Schaden genommen, was an beginnender Krautfäule erkennbar wurde. Es wäre besser gewesen, den Tomaten einen Regenschutz zu bauen. Das befallene Laub schnitt ich im August rigoros ab und bis September hatten die Pflanzen so viel neues Laub und Blüten ausgetrieben, dass ich noch bis Anfang November Tomaten ernten konnte (Abb. 16 und 17).

Abb. 14

Abb. 15

Abb. 16

Abb. 17

Kohlrabi, Zwiebeln und Buschbohnen auf Stroh

Abb. 1

Das dritte Strohballenbeet legte ich ebenfalls am 16. Mai an. Es war für Kohlrabi, Zwiebeln und Buschbohnen reserviert. Eine einfache Pflanzenkombination – dachte ich. Doch auch in diesen Falle war das Wachstum der Zwiebeln wieder recht bescheiden (siehe Seite 35) und die Bohnen wuchsen gar nicht, obwohl ich diese zwei Mal nachgelegt hatte. Ein Mysterium, das ich bis heute nicht endgültig aufklären konnte. Aber ein späterer Versuch mit vorgezogenen Bohnenpflanzen war dann erfolgreich. Die vorgezogenen Kohlrabipflänzchen waren aber sehr gesund und entwickelten sich prächtig.

Bepflanzung und Aussaat

Das dritte Strohballenbeet hatte ebenso wie das zweite eine Größe von drei Strohballen, je 90 x 45 x 30 Zentimeter (Abb. 1) und auch hierbei hatte ich mir wieder eine kleine Planungsskizze angelegt (Abb. 2). Sechs vorgezogene Kohlrabipflanzen aus der Gärtnerei setzte ich in vorbereitete Pflanzmulden von rund von etwa 10 Zentimeter Tiefe und 10 Zentimeter Durchmesser. Die Mulden füllte ich zuvor bis zur Hälfte mit Pflanz- oder Humuserde, setzte die Jungpflanzen darauf,

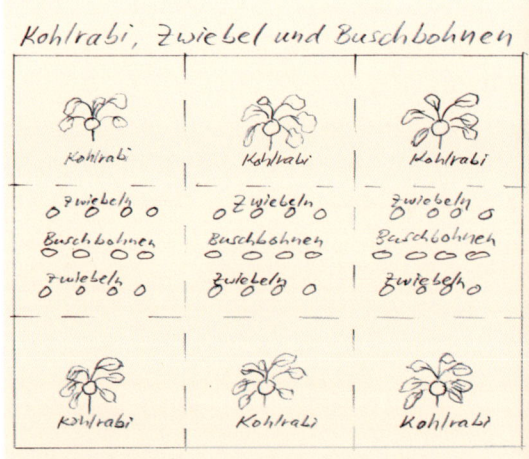

Abb. 2

Abb. 3

drückte sie fest an und füllte die Mulde dann wieder rundum mit Pflanzerde auf. Nach dem kräftigen Wässern wurden auch die Pflanzen in der Pflanzmulde noch einmal fest angedrückt. Wo nötig, habe ich noch Erde ergänzt.

Die Zwiebeln und Buschbohnen wurden in dafür vorbereitete Pflanzlöcher gesteckt (Abb. 3), mit circa 1 Zentimeter Pflanzerde abgedeckt und ebenfalls gut gewässert. Die Zwiebeln wuchsen anfangs gut und die Kohlrabi wurden schnell dick und rund (Abb. 4).

Die Buschbohnen aber verschwanden auf Nimmerwiedersehen in den Strohballen. Normalerweise strecken die Bohnen innerhalb von einer Woche die ersten Keimblätter in die Höhe. Als dies nicht geschah, ging ich vorsichtig mit einem dünnen Stöckchen auf die Suche nach den Buschbohnen, aber es war keine einzige mehr zu finden – nicht einmal ein abgefressener Rest von einer Bohne. Ich legte am selben Tag noch einmal neue Saatbohnen, doch nach einer Woche waren auch diese wieder verschwunden. Bei einem dritten Versuch ging ich nach drei Tagen auf die Suche, um zu sehen, ob die Bohnen noch da sind, doch ich fand auch diesmal keine einzige Bohne mehr.

Ich habe bis heute keine eindeutige Erklärung für das mysteriöse Verschwinden der Buschbohnen. Ich kann mir nur vorstellen, dass die Saatbohnen durch die täglichen Wassergaben sehr schnell sehr tief in die Strohballen gerutscht und dort verfault sind. Ich habe dann Bohnen in größeren Anzuchttöpfchen vorgezogen und diese Pflänzchen

Abb. 4

mit einem schon vorhandenen Wurzelballen in ein anderes Beet gepflanzt. Dazu an anderer Stelle mehr.

Da ich nun gerade dabei war, die Radieschen zu vereinzeln, habe ich kurz entschlossen die freigewordenen Plätze der Buschbohnen mit den ausgezupften Radieschen bepflanzt (Abb. 5). Diese wuchsen auch sofort weiter und entwickelten sich prächtig.

Abb. 5

Erfahrungsbericht

Auch das dritte Beet wurde genauso wie das zweite Beet von den kühlen und nassen Witterungsbedingungen im Mai und Juni beeinflusst. Die Buschbohnen hatten sich, wie auf Seite 39 beschrieben, dreimal ins „Nirwana" verabschiedet, sodass es hierzu keine weiteren Erfahrungen gibt.

Auch beim dritten Beet ging durch den Regen die Zersetzung der Strohballen rasch voran, sodass sie bis Ende Juni schon auf die Hälfte ihrer ursprünglichen Höhe geschrumpft waren (Abb. 6).

Den Kohlrabipflanzen schien das Wetter aber gut zu bekommen, denn diese entwickelten sich ganz prächtig und waren nach etwa acht Wochen schon reif zur Ernte (Abb. 7 und 8). Der Geschmack der Kohlrabi war auch ohne Gewürze, direkt aus dem Dampfgarer, sensationell gut. Sie waren zart und hatten viel Eigenaroma. Meine Erfahrung mit den Kohlrabi auf Strohballen ist sehr positiv. Kohlrabi auf Strohballen kann ich nur empfehlen.

Die Zwiebeln wuchsen in den ersten Wochen recht gut, aber wie auf dem zweiten Strohballenbeet gefiel ihnen das nasse und kühle Wetter nicht (siehe Seite 35).

Die als Ersatz für die verschwundenen Buschbohnen nachträglich gepflanzten Radieschen, die vom Vereinzeln im zweiten Beet übrig waren, wuchsen wunderbar und ergaben einige Male eine sehr würzige Zugabe zum Abendbrot (Abb. 9).

Obwohl ich keinerlei chemische oder biologische Abwehrmaßnahmen ergriffen hatte, gab es auf diesem Beet keine Erscheinungen von Krankheiten oder pflanzenfressenden Insekten. Pilzkrankheiten waren auch nicht feststellbar, ebenso wenig Raupen von Kohlweißlingen oder anderen Faltern. So gehe ich davon aus, dass in den Strohballen keine Krankheitserreger waren und die Zwiebeln im Beet als Bioabwehr gegen Insekten gewirkt haben. Da ich nur biologischen Dünger eingesetzt hatte, konnten wir sehr wohlschmeckendes und gesundes Gemüse ernten.

Abb. 7

Abb. 6

Abb. 8

Abb. 9

Ein Hochbeet mit Strohballen und Paletten

Hochbeete sind praktisch und bei Hobbygärtnern sehr beliebt. Vor allem sind Hochbeete bei der Aussaat, der Pflege und der Ernte rückenschonend für die Gärtner. Darüber hinaus bieten sie durch den Unterbau mit Kompostmaterial eine beständige Bodenwärme und viele organische Nährstoffe im Untergeschoss, was für tiefwurzelnde Pflanzen ein großer Vorteil ist. Ich zeige Ihnen auf den folgenden Seiten, wie Sie für wenig Geld ein praktisches Hochbeet mit Strohballen aus Holzpaletten bauen können.

Material und Aufbau

Das Material ist so einfach wie preiswert zu beschaffen. Man braucht nur

- vier gebrauchte, aber unbeschädigte Euro-Paletten (Abb. 1)

- acht Ziegel- oder Betonpflastersteine mit den Maßen 11,5 x 24,0 x 7,1 Zentimeter im Format DF (Abb. 2)

- und eine Handvoll langer Schrauben oder Nägel mit 10 bis 12 Zentimeter Länge

14,5 cm

120 cm

80 cm

Abb. 1

Abb. 2

Abb. 3

Abb. 4

Zunächst benötigt man eine sonnige bis halbschattige ebene Gartenfläche von etwa 160 x 160 Zentimeter. Diese sollte einigermaßen eben, also waagrecht sein. Kleine Unebenheiten lassen sich durch das waagrechte Ausrichten der Ziegelsteine im Unterbau mit der Wasserwaage ausgleichen. Dann stellt man die Paletten im rechten Winkel zueinander auf die Ziegelsteine und befestigt sie mit langen Schrauben oder Nägeln miteinander. Die vier Paletten wiegen zusammen rund 100 Kilogramm und geben sich gegenseitig Halt und Standfestigkeit (Abb. 3 bis 5). Damit die Außenseiten mit den Palettenfüßen auch als Pflanztaschen genutzt werden können, verschließt man diese von unten mit einem Brett (siehe Pfeile in Abb. 5).

Mein Hochbeet wird bewusst nicht durch eine schwarze Folie im Innenraum abgedichtet. Ich bevorzuge den durchlüfteten Kompostunterbau. Außerdem zersetzen sich alle Kunststofffolien mit der Zeit und verseuchen somit die Gartenerde mit Giftstoffen.

Wenn Sie Probleme mit Wühlmäusen haben, so können Sie den Boden des Innenraums mit verzinktem 10-Millimeter-Maschendraht auslegen und diesen etwa 30 Zentimeter an den

Abb. 5

Seitenwänden hochführen und befestigen, damit die Wühlmäuse nicht eindringen können. Ich mache das nicht. Bei mir sind die Wühlmäuse ein Teil der Natur und Bestandteil des biologischen Gleichgewichts. Fuchs, Iltis, Marder, Eulen und Hauskatzen schätzen diese Mausart als Leckerbissen und reduzieren den Bestand ganz natürlich. Die Wühl- oder Schermaus steht bereits seit 2009 auf der Roten Liste der bedrohten Arten!

43

Abb. 6

Nach dem Aufbau des Hochbeets aus Paletten geht es an den inneren Aufbau mit organischem Kompostmaterial und Humuserde als Unterbau für das Strohballenbeet.

Für die Anlage eines Hochbeets braucht man grobes Kompostmaterial wie Gehölzschnitt, Rindenmulch, Hackschnitzel, Grünschnitt und andere grobe Gartenabfälle wie Kohlblätter, abgestorbene Pflanzenteile, grobe Küchenabfälle wie Salatblätter, Kartoffelschalen oder Ähnliches (Abb. 6). Da diese Materialien meist im Herbst oder im Frühjahr im Garten anfallen, ist die beste Zeit für die Anlage des Hochbeets dann, wenn genügend Material vorhanden ist. Darüber hinaus braucht man auch feineres Material wie Grasmulch oder schon halb verrotteten Kompost (Abb. 7) und bereits fertige Komposterde oder Bio-Humus.

Abb. 7

Die unterste Lage im Aufbau des Komposthochbeets besteht aus einer circa 30 bis 40 Zentimeter hohen Schicht von grobem Material. Es folgt eine Lage Komposterde oder Bio-Humus von etwa 15 Zentimeter Höhe. Darüber kommt eine 15 Zentimeter hohe Schicht mit halb verrottetem Kompost und dann wieder eine Lage feiner Komposterde oder Bio-Humus (Abb. 8 und 9). Zwischendurch werden die Schichten immer mit einem dicken Stock oder einer flachen Schippe verdichtet (Abb. 10 und 11). Die beiden letzten Schichten wiederholt man so lange, bis man die richtige Höhe für den Strohballenaufbau hat, das heißt, das Hochbeet soll bis 25 Zentimeter unter der Oberkante gefüllt sein.

Abb. 9

Abb. 10

Abb. 8

Abb. 11

Wenn also das Komposthochbeet bis circa 25 Zentimeter unter der Oberkante gefüllt ist, werden die Strohballen mit der Schnittfläche nach oben daraufgesetzt. In meinem Falle sind das hier wieder drei Strohballen je 90 x 45 x 30 Zentimeter. Hierzu reicht aber eine einfache Skizze nicht aus, deshalb hier eine genauere Zeichnung (Abb. 12).

Das Innere des Hochbeets hat eine Grundfläche von 105 x 105 Zentimeter. Mein geplantes Strohballenbeet hat aber nur 90 x 90 Zentimeter Grundfläche, also bleiben an zwei Seiten 15 Zentimeter Luft zu den Außenwänden des Hochbeets. Damit die Strohballen nicht verrutschen, werden sie mit Holzpflöcken fixiert (Abb. 13).

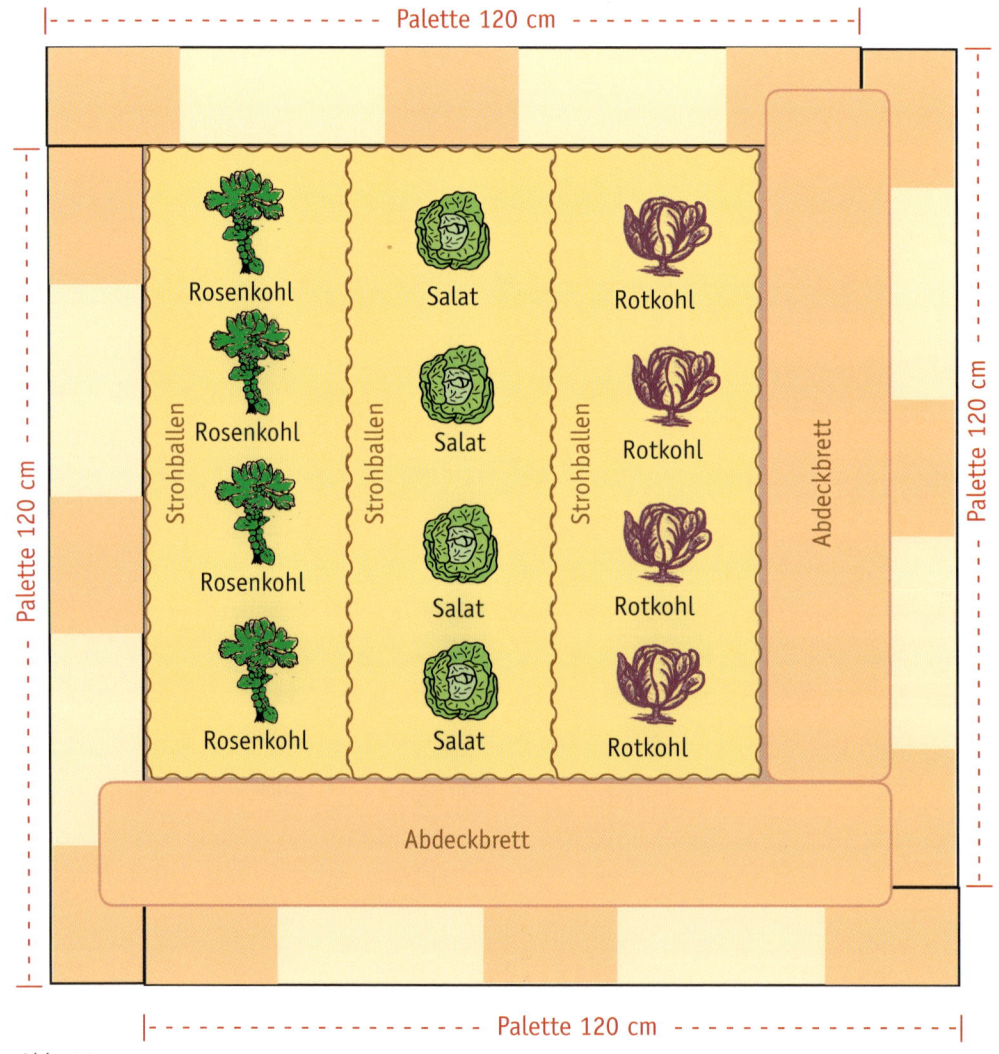

Abb. 12

Abb. 13

Aus optischen Gründen kann man den Leerraum zwischen Strohballen und Außenwänden mit Stroh zustopfen oder einfach mit zwei Abdeckbrettern schließen. Ich hatte mich für Letzteres entschieden, aber die Abdeckbretter nur mit je zwei kurzen Schrauben fixiert, damit ich diese im Bedarfsfall auch schnell wieder lösen kann (Abb. 14).

Wenn die Strohballen frisch auf das Hochbeet gesetzt werden und dieses bis zu 25 Zentimeter unter die Oberkante mit Kompost gefüllt ist, so stehen die 45 Zentimeter hohen Strohballen logischerweise 20 Zentimeter über die Oberkante hinaus. Dies ist ganz bewusst so gedacht, denn die Strohballen sinken innerhalb weniger Wochen durch die Zersetzung doch erheblich zusammen, und es kann passieren, dass die Strohballen bis zur Ernte deutlich unter die Oberkante absinken. Aus diesem Grund ist es sehr wichtig, dass man vorher den Kompost im Untergrund gut verdichtet, damit dieser durch das Gewicht der Strohballen nicht auch noch zusammensinkt.

Abb. 14

Bepflanzung des Hochbeets

In der Abb. 12 auf Seite 46 ist bereits erkennbar, welche Pflanzen ich auf dem Hochbeet ziehen möchte. Rosenkohl ist ein wunderbares Wintergemüse, und Endiviensalat und Rotkohl kann man in den gemäßigten mitteleuropäischen Lagen bis in den November hinein ernten. Also habe ich meine Strohballen wieder „geimpft", das heißt gedüngt und gewässert (siehe Seite 14) und für die Anpflanzung vorbereitet. Das warme Sommerwetter hatte die Zersetzung der Strohballen beschleunigt, sodass bereits nach 16 Tagen das „Fieber" der Strohballen auf unter 40 °C gefallen war und einer Bepflanzung nichts mehr im Wege stand. Normalerweise sollten Rotkohl und Rosenkohl spätestens Ende Mai gepflanzt werden, aber es gibt auch späte Sorten, die man bis Ende Juni anpflanzen und im Oktober ernten kann.

Ich besorgte mir im Gartenmarkt torffreie Bio-Humuserde, die Rosenkohl-, Endivien- und Rotkohlpflänzchen und begann mit einem Stock circa 10 Zentimeter tiefe und genauso breite Pflanzlöcher in die Strohballen zu drücken. Diese wurden mit Humuserde gefüllt und nochmals verdichtet. Dann habe ich die Pflanzen hineingesetzt, die Mulde rundum mit Erde aufgefüllt, verdichtet, kräftig gewässert und wo nötig auch nochmals Erde ergänzt und verdichtet (Abb. 15 bis 18).

Als biologische Duftabwehr gegen saugende Insekten und die Raupen von Schmetterlingen, wie Kohlweißling und Zitronenfalter, habe ich aus einem anderen Beet einige schlecht wachsende Zwiebeln entnommen und diese zwischen die Reihen von Rot-

Abb. 15

Abb. 16

Abb. 17

![Abb. 18](straw bed with cabbage seedlings)

Abb. 18

kohl, Endiviensalat und Rosenkohl gepflanzt. Als weitere Maßnahme gegen die Eiablage von Schmetterlingen auf den Kohlpflanzen wurde mithilfe von Holzstöcken und einem engmaschigen Kunststoffnetz eine Schutzhaube über dem Beet angebracht (Abb. 19). Die Maßnahmen schienen sich zu bewähren, denn es konnten bis zum Herbst keinerlei Schäden durch Insekten festgestellt werden.

Abb. 19

Pflanztaschen am Hochbeet

Nachdem ich die Strohballen bepflanzt hatte, habe ich auch die Pflanztaschen an der Außenseite des Hochbeets bepflanzt. Da ich keine Erfahrung damit hatte, habe ich es mit flachwurzelnden Arten versucht. An der Südseite pflanzte ich in die obere Tasche eine vorgezogene Kapuzinerkresse und in die untere Tasche zwei dauertragende Erdbeerpflanzen. Es gibt verschiedene Arten von dauertragenden Erdbeeren. Ich hatte mir für die Pflanztaschen zwei Pflanzen mit hängenden Fruchtzweigen im Gartencenter besorgt und wollte es einfach einmal ausprobieren.

Ich begann mit der Kapuzinerkresse. In die etwa 12 Zentimeter tiefe Pflanztasche füllte ich etwa 8 Zentimeter hoch schon teilweise verrottetes Stroh und verdichtete es. Dann setzte ich die Kapuzinerkresse darauf und füllte die Tasche rundum mit Humuserde auf, düngte und wässerte sie (Abb. 20). Bereits nach einer Woche musste ich den Versuch aber abbrechen, da die Pflanze gelbe Blätter bekam. Ich gab der Kapuzinerkresse eine neue Heimat. Dazu später mehr.

Dann nahm ich mir die dauertragenden Erdbeeren vor, die ich in die zweite Etage der Hochbeet-Südseite pflanzte. Auch hier füllte ich in die 12 Zentimeter tiefe Pflanztasche 8 Zentimeter hoch schon teilweise verrottetes Stroh und verdichtete es. Dann setzte ich die beiden Erdbeerpflanzen darauf und füllte die Tasche rundum mit Humuserde auf, düngte und wässerte. Die Pflanzen wuchsen prächtig und trugen Früchte bis weit in den Oktober. Die Früchte waren zwar nicht groß, aber sehr aromatisch (Abb. 21 und 22).

Abb. 20

Abb. 21

Abb. 22

Die Pflanztaschen an der östlichen Außenseite des Hochbeets hatte ich für die Buschbohnen reserviert. Nach meinen schlechten Erfahrungen mit den Bohnen vom dritten Strohballenbeet bestückte ich zunächst acht kleine Anzuchttöpfchen mit je drei Saatbohnen. Diese waren auch nach rund 10 Tagen so groß, dass ich sie in die Pflanztaschen aussetzen konnte. Auch bei den Buschbohnen füllte ich in die Pflanztaschen 8 Zentimeter hoch teilweise verrottetes Stroh und verdichtete es. Dann setzte ich die beiden Bohnenpflanzen darauf, füllte die Taschen rundum mit Humuserde auf, düngte und wässerte sie kräftig. Die Pflanzen wuchsen schnell und begannen bald zu blühen. Die Bohnen brauchen viel organischen und mineralischen Dünger und einen möglichst pH-neutralen Nährboden. Dies schien hier alles zu stimmen, denn die Ernte konnte sich wirklich sehen lassen (Abb. 23 bis 25). Da die Buschbohnen aufgrund des schönen Wetters bis weit in den September hinein blühten, konnte ich bis Ende Oktober noch Buschbohnen ernten. So wurde das Projekt mit den Bohnen doch noch ein Erfolg.

Abb. 23

Abb. 24

Abb. 25

Erfahrungsbericht

Das Hochbeet aus Holzpaletten wird aus meinem Garten sicher so schnell nicht wieder verschwinden. Das Projekt war für mich persönlich auf jeden Fall ein Erfolg mit vielen unerwarteten Ergebnissen und Erfahrungen, die es zu wiederholen und auch zu verbessern gilt. Grundsätzlich war ich mit den Ergebnissen der Pflanzenernte auf dem Hochbeet sehr zufrieden (Abb. 26). Eine wichtige Erkenntnis ist, dass vor allem Kohlpflanzen auf Stroh deutlich mehr Wasser und Dünger brauchen als im normalen Freilandbeet.

Der Endiviensalat wuchs innerhalb von acht Wochen zu großen und schönen Köpfen heran und wurde bis Anfang September geerntet und verspeist. Die Salatköpfe waren genauso groß und geschmackvoll wie die Köpfe aus dem normalen Freilandanbau, hatten aber den Vorteil, dass sie fast nicht von Schnecken, Käfern oder anderem Getier beschädigt und daher gut zu putzen waren (Abb. 27).

Für den Rotkohl und den Rosenkohl wäre es wahrscheinlich besser gewesen, sie früher, also bis Mitte Mai, anzupflanzen. Der Rotkohl wuchs zwar prächtig, aber er begann erst im September Köpfe auszubilden, sodass ich Ende Oktober nur relativ kleine Rotkohlköpfe ernten konnte. Da die großen Blätter rund um die Köpfe aber auch sehr gesund und weitgehend ohne Beschädigungen durch Insekten geblieben waren, nutzte ich sie ebenfalls zur Gemüsezubereitung. Es ist ein verbreitetes Phänomen, dass Kohlpflanzen oft erst spät oder gar keine Köpfe ausbilden. Dies ist meistens ein Zeichen dafür, dass

irgendetwas fehlt. Alle Kohlköpfe brauchen sehr viel Wasser und sehr viele Nährstoffe. Vor allem auch mineralische Nährstoffe (Düngekalk und Gesteinsmehl). Am besten gedeiht der Kohl auf lehmhaltigen Böden mit viel organischem Dünger (Kompost oder Mist). Wahrscheinlich kann man diese Voraussetzungen auf den Strohballen durch erhöhte Düngergaben und Wässerung gar nicht optimal herbeiführen (Abb. 28).

Die Rosenkohlpflanzen wuchsen auch gut und setzten bis Ende Oktober recht ordentliche Knospen an. Damit war ich wohl zufrieden, aber auf normalen Lehm-Löss-Boden wären bei gleicher Wässerung und Düngung die Größe und Menge der Rosenkohl-Knospen sicher üppiger ausgefallen (Abb. 29 und 30).

Die Erdbeeren und Bohnen in den äußeren Pflanztaschen brachten überraschend schöne und viele Früchte und waren eine sehr positive Erfahrung, die nach Wiederholung ruft.

Da ich außer der Schutzhaube mit dem engmaschigen Kunststoffnetz und den „Duftabwehrzwiebeln" keinerlei chemische oder biologische Abwehrmaßnahmen ergriffen hatte, gab es auf dem Hochbeet auch nur biologisch angebaute Pflanzen. Ich konnte auch keine Krankheiten oder pflanzenfressenden Insekten feststellen.

Die Strohballen hatten sich bis Jahresende komplett zersetzt und waren mit dem Kompost darunter eins geworden. So brauche ich im nächsten Frühjahr nur neue Strohballen daraufzusetzen.

Abb. 26

Abb. 27

Abb. 28

Abb. 29

Abb. 30

Das schnelle Komposthochbeet mit Strohballen

Nachdem ich das Hochbeet aus Holz-paletten mit Strohballen vorbereitet, also gedüngt und gewässert hatte, fiel mir auf, dass sich keine 10 Meter da-von entfernt drei weitere wunderbare Hochbeet-Gelegenheiten anboten. Diese waren meine ganz gewöhnlichen Kom-postbehälter aus Holzlatten. Die stan-den einfach so da und hatten doch schon genau die Maße, die ich für drei Strohballen brauchte. Das Innenmaß dieser handelsüblichen Kompostlatten-behälter beträgt 90 x 90 Zentimeter. Da ich noch Strohballen verfügbar hat-te und meine Frau sich noch ein kleines Kräuterbeet mit Dill, Petersilie, Pimpi-nelle, Rosmarin und Thymian wünsch-te, war auch schon klar, was auf diesem Strohballenbeet zu pflanzen wäre. Und so wurden auch auf einen dieser Kom-postbehälter noch schnell drei Stroh-ballen gesetzt, gewässert und gedüngt.

Auch diese Strohballen waren schon nach 16 Tagen mit einer inneren Zersetzungstem-peratur von 38 °C „fieberfrei" und konnten gemeinsam mit dem Palettenhochbeet bepflanzt werden (Abb. 1).

Abb. 1

Bepflanzung

Auch das schnelle Komposthochbeet mit Strohballen hatte wieder eine Größe von drei Strohballen je 90 x 45 x 30 Zentimeter mit einer Grundfläche von 90 x 90 Zentimeter. Auf eine Planungsskizze habe ich hier verzichtet, da hierbei nur die fünf Kräuterpflanzen, die meine Frau sich wünschte, geplant waren.

Die fünf Kräuterpflanzen Dill, Petersilie, Pimpinelle, Rosmarin und Thymian besorgte ich bei der nächsten Gärtnerei und setzte sie wie üblich in vorbereitete Pflanzmulden von etwa 10 Zentimeter Tiefe und 10 Zentimeter Durchmesser. Die Mulden füllte ich zuvor wieder bis zur Hälfte mit Pflanz- oder Humuserde, setzte die Jungpflanzen darauf, füllte rundum Humuserde auf, wässerte kräftig und ergänzte nach dem Wässern, wo nötig, noch etwas Humuserde (Abb. 2 und 3).

Da auf dem Beet noch etwas Platz war, habe ich als spontane Ergänzung noch ein verfügbares Anzuchttöpfchen mit drei vorgezogenen Buschbohnenpflanzen sowie zwei übrige Pflanzen der dauertragenden Erdbeeren dazugesetzt (Abb. 4).

Die weitere Entwicklung des schnellen Komposthochbeets mit Strohballen in den Monaten August und September ließ mein Gärtnerherz höher schlagen (Abb. 5 und 6). Bis weit in den Oktober wurden noch Erbeeren für den sofortigen Verzehr geerntet, und die Kräuter waren dank günstiger Witterung alle noch bis Weihnachten verfügbar.

Abb. 2

Abb. 3

Abb. 4

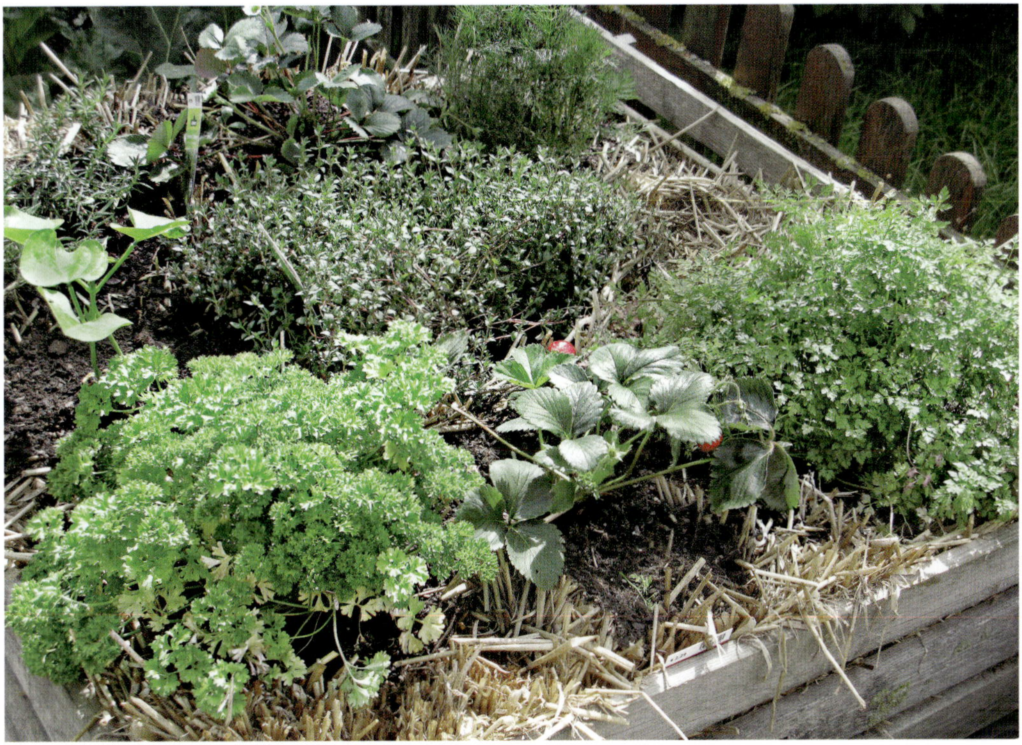

Abb. 5

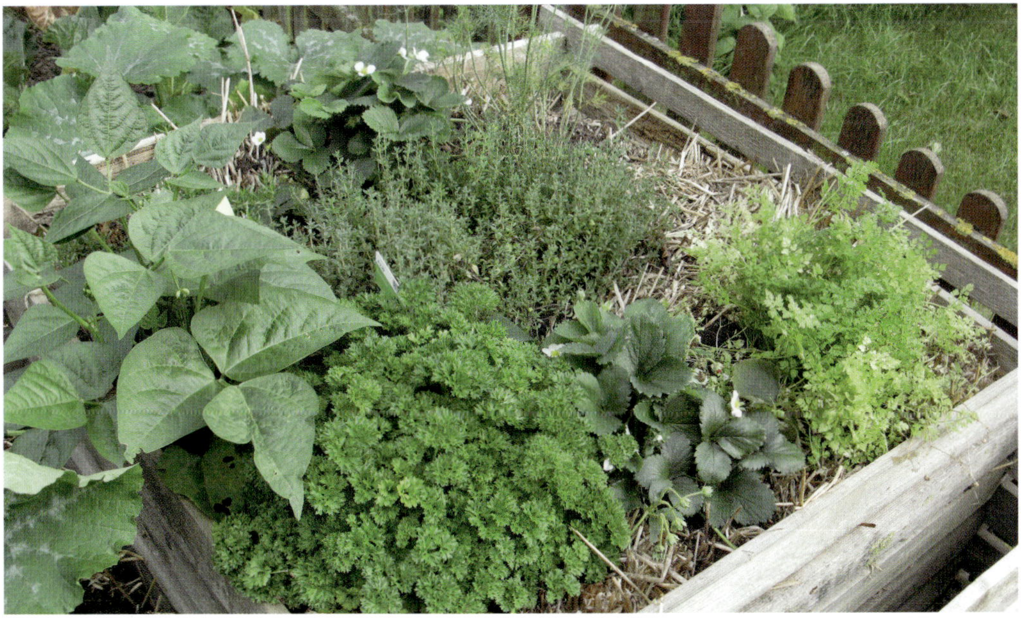

Abb. 6

Abb. 7

Erfahrungsbericht

Wenn man die Bilder von diesem Strohballenbeet auf dem Kompostbehälter anschaut, so erübrigt sich fast schon der Erfahrungsbericht. Ich kann es beim Anschauen der Bilder schon fast riechen. Jedes Mal, wenn ich in die Nähe des Beetes kam, stieg mir der würzige Duft von Dill und Thymian in die Nase.

Offensichtlich hat der Zufall hier eine günstige Pflanzengemeinschaft zusammengeführt. Ich habe selten so gesunde Pflanzen gesehen. Besonders die Erdbeeren strotzten nur so vor Vitalität und Kraft, obwohl ich dieses Beet nur alle zwei bis drei Wochen mit einer Handvoll organisch-mineralischem Volldünger, den ich in einer Zehn-Liter-Gieß-

kanne auflöste, gegossen habe. Natürlich spielten die günstigen Wetterbedingungen auch eine nicht unerhebliche Rolle. Die Abb. 7 wurde Mitte August aufgenommen und die Abb. 8 und 9 etwa Mitte Oktober.

Trotz Stroh und würziger Kräuter ließen sich die Schnecken und Schmetterlingsraupen nicht von Erdbeeren und Bohnenblättern abhalten. Aber der Schaden war nur gering.

Auch die Kräuter gediehen prächtig. Noch nie hatten wir eine so gesunde Petersilienpflanze. Doch Dill, Petersilie und Pimpinelle gaben nach dem ersten stärkeren Nachtfrost auf. Der Thymian war bis in den Januar schadlos; die winterharte Rosmarinpflanze ebenso.

Abb. 8

Abb. 9

Zucchini auf zwei einzelnen Strohballen

Nach der Anlage des Palettenhoch-
beets und des Komposthochbeets
hatte ich noch Strohballen verfügbar.
Also musste eine sinnvolle Verwendung
für diese gefunden werden. Da ich sehr
gern Zucchini esse, aber Ende Juli keine
vorgezogenen Pflänzchen mehr zu bekommen waren, habe ich ganz spontan
vier Anzuchttöpfchen mit Humuserde
befüllt, je zwei Zucchinisamen hineinge-
steckt und mit Regenwasser begossen.

Gleichzeitig habe ich zwei Strohballen
seitlich neben dem Kompostbeet aufgestellt und mit einer Kordel daran befestigt. Dann, wie üblich, die
Zersetzung der Ballen durch Düngung und Wässerung eingeleitet.
Nach zwei Wochen waren die Strohballen „reif" zur Bepflanzung.

Inzwischen waren auch die Zucchinisamen in den Anzuchttöpfen gekeimt
und zu Jungpflanzen herangewach-
sen, sodass diese in die Strohballen gepflanzt werden konnten (Abb. 1 und 2).

Abb. 1

Abb. 2

Zucchini auf zwei einzelnen Strohballen

Abb. 3

Zucchinipflanzung

Ein Einzelbeet, bestehend aus einem Strohballen, bedarf keiner besonderen Planung.
Ein solches Beet lässt sich ganz spontan
überall aufstellen und bepflanzen. Aber egal
was Sie darauf anpflanzen wollen, ganz ohne
Vorbereitung geht es nicht. Düngen und wässern muss man immer, damit die Zersetzung
der Strohballen in Gang kommt (siehe Seite
14/15).

Nach rund 16 Tagen klingt die Zersetzungshitze im Inneren ab. Bei einem einzelnen
Strohballen ist die Zersetzungshitze auch
nicht ganz so hoch wie bei drei oder vier
Ballen, die dicht nebeneinanderstehen, da
die äußere Abkühlungsfläche größer ist und
so die Zersetzungshitze leichter entweichen
kann.

Die Zucchinipflanzen habe ich wie bei den
anderen Beeten wieder in vorbereitete
Pflanzmulden mit Humuserde gesetzt. Da
die Zucchini recht schnell einen relativ
großen Wurzelballen in den Anzuchttöpfen
ausbilden, hatte ich diese mit 15 Zentimeter Durchmesser etwas größer gewählt und
dementsprechend tief und breit auch die
Pflanzmulden angelegt. Es folgte die übliche
Prozedur: Die Pflanzmulden zur Hälfte mit
Humuserde füllen, Pflanzen hineinsetzen und
andrücken, rundum Erde auffüllen, wässern
und falls nötig Erde ergänzen, verdichten
und noch einmal wässern (Abb. 1 und 2).

Ich habe in diesem Fall ganz bewusst auf
einen Strohballen drei Zucchinipflanzen
gesetzt und auf den anderen nur eine
Zucchinipflanze, da ich sehen wollte, wie

sich die Platzverhältnisse der Pflanzen auf die Fruchtbarkeit und den Ertrag auswirken (Abb. 3). Die Zucchini bildet (wie alle Kürbisgewächse) männliche (♂) und weibliche (♀) Blüten an einer Pflanze aus. Die weiblichen Blüten haben kurze Stiele und bilden unter der Blüte einen Fruchtknoten, aus dem nach der Befruchtung die Zucchinifrucht entsteht. Die Pflanze bildet zuerst die längeren männlichen Blüten ohne Fruchtknoten, bevor sich die weiblichen Blüten entfalten (Abb. 5). Die weiblichen Blüten blühen nur einen Tag. Die Bienen und Hummeln (Abb. 4) haben also nur wenig Zeit zur Bestäubung. Bei längeren Schlechtwetterperioden kann das zum Problem werden. Notfalls müssen Sie selbst mit einem Pinsel die männlichen Pollen auf die weibliche Blüte übertragen.

Abb. 4

Abb. 5

Erfahrungsbericht

Normalerweise pflanzt man die Zucchini ab Mitte Mai ins Freiland. In diesem Fall war ich gute sechs Wochen zu spät dran, weil ich ursprünglich nicht daran dachte, Zucchini zu pflanzen. Aber der Erfolg bei den anderen Strohballenbeeten hat mich wohl etwas übermütig werden lassen. Auch die Neugier, wie sich die stark nährstoff- und wasserbedürftige Pflanze auf den Strohballen entwickeln würde, hat mich angetrieben.

Ich habe die Zucchini so wie die meisten anderen Pflanzen einmal wöchentlich mit 100 Gramm organisch-mineralischem Volldünger versorgt und den Pflanzen täglich etwa einen halben Liter Wasser pro Pflanze zukommen lassen. Bei Regenwetter natürlich nicht.

Nach der Pflanzung der Zucchini auf die Strohballen am 5. August (Abb. 1 und 2) mit der besagten Düngung und Wässerung konnte man den Pflanzen täglich beim Wachsen zusehen. Feuchtwarmes Sommerwetter zwischen 25 und 35 °C kam unterstützend hinzu. Am 29. August waren die Zucchini zwar kräftig gewachsen, aber sie blühten noch nicht (Abb. 3).

Die ersten drei Wochen im September waren außergewöhnlich trocken und heiß, was die Pflanzen nun auch zum Blühen brachte, und die Bienen und Hummeln waren jeden Tag fleißig bei der Arbeit. Ab Mitte September konnte ich die Zucchini nun fast täglich ernten und die ganze Nachbarschaft damit versorgen (Abb. 6 und 7). Ein Unterschied in Qualität und Ertrag der drei dicht beieinanderstehenden Pflanzen zu der einzelnen Pflanze war nicht erkennbar.

Die Hitze brachte aber auch den Mehltau verstärkt zu den Pflanzen. Wie ich von Fachleuten erfahren habe, gibt es bisher noch keine Zucchinisorte, die gegen Mehltau resistent ist. Die älteren Blätter der Zucchini überziehen sich mit mehlig-weiß erscheinenden Flecken des Echten Mehltaus, der vorwiegend durch Hitze und Trockenheit ausgelöst wird. Der Unechte Mehltau wird dagegen durch kühles und feuchtes Wetter ausgelöst. Also haben Sie fast immer einen Mehltau an ihren Pflanzen. Das bedeutet aber nicht unbedingt, dass der Pilzbefall zum Absterben der Pflanzen führt. Meist sind nur die älteren Blätter befallen. Wenn Sie die Pflanzen gut düngen und wässern, so treiben sie ständig neue junge und gesunde Blätter und Blüten aus und die älteren sterben ab. Die Früchte bleiben vom Mehltau meist unversehrt.

Echter Mehltau überwintert in kleinen Sporengehäusen an der Pflanze. Von Mehltau befallene Pflanzen sollten daher nicht in den Kompost gelangen, da dies das Überleben und die Verbreitung des Pilzes fördert. Vom Mehltau befallene Pflanzen entsorge ich im normalen Hausmüll, der durch die Müllverbrennung geht, die den Pilz tötet.

In handelsüblichen Pflanzerden sind meist schon Pilzkrankheiten enthalten, die nur auf das richtige Wachstumsklima und Nährstoffumfeld warten.

Abb. 6

Abb. 7

Mein Tipp:

Gegen Mehltau hilft regelmäßiges Begießen der Gartenerde oder der Strohballen mit Brennnesseljauche. Diese vernichtet Mehltau und Krautfäulnispilze ziemlich zuverlässig oder dämmt zumindest die Weiterverbreitung ein. Für Neuanlagen besorgt man sich am besten Komposterde aus einer großen Kompostierungsanlage. Hier wird der Kompost so stark erhitzt, dass alle Pilze absterben. Größere Städte und Gemeinden betreiben oft eine eigene Kompostierungsanlage. Dort kann man meist auch seine Gartenabfälle entsorgen, wenn man sie nicht selbst verwertet.

Das Strohballenbeet in der zweiten Nutzung

Abb. 1

Nachdem das dritte Strohballenbeet mit den Kohlrabi Mitte Juli abgeerntet war (siehe die Seiten 38 ff.), blieb von dem schönen Gemüsebeet nur noch ein Haufen „Mist" übrig. Als ich das Beet abräumen wollte, kam aus dem Inneren der Strohballen tatsächlich nur schwarzbraunes verfaultes Stroh, also Mist, zum Vorschein. Nur mit dem Unterschied, dass dieser Mist keine tierischen Fäkalien enthielt (Abb. 1 und 2).

Dieses zersetzte Stroh war also auf dem besten Weg, sich in Komposterde zu verwandeln. Kompost aber ist für jeden Garten eine wertvolle Düngesubstanz und wird mit Recht auch als „Gärtnergold" bezeichnet. So beschloss ich, die wertvolle Biomasse zu nutzen und darauf stark zehrendes Gemüse zu ziehen.

Abb. 2

Anlage zur zweiten Nutzung

Ich kratzte also den Misthaufen zusammen und verpasste ihm eine einfache Beeteinfassung aus alten Brettern und Holzstöcken (Abb. 3). Dann verteilte ich noch etwa drei Zentimeter hoch frische Humuserde auf dem neuen Beet und konnte sofort damit

Abb. 3

Abb. 4

Abb. 5

beginnen, neue Pflanzen einzusetzen.
Da ich noch Rotkohl- und Rosenkohlpflänz-
chen hatte, war auch schon klar, was ich
anpflanzen würde. Von meinem Nachbarn
bekam ich noch selbstgezogene Chinakohl-
pflänzchen, die ich auch dazwischensetzte.

Rot- und Rosenkohl wuchsen rasch heran
und waren mit den Kohlpflanzen auf dem
kurz vorher angelegten Palettenhochbeet
(siehe Seite 48 ff.) schnell auf dem gleichen
Entwicklungsstand. Die Chinakohlpflanzen
erfreuten sich aber größter Beliebtheit bei
Spatzen, Schnecken, Schmetterlingsraupen
und anderere Insekten, sodass die Salatpflanzen innerhalb von zwei bis drei Wochen
alle hinüber waren. Ich wollte aber kein
Gift gegen diese Tiere ausbringen und ließ
sie gewähren. Sie waren damit von anderen
Pflanzen abgelenkt.

Abb. 6

Erfahrungsbericht

Für den Rotkohl und den Rosenkohl wäre es besser gewesen, sie früher, also bis Ende Mai, anzupflanzen. Der Rotkohl begann (wie auf dem Palettenhochbeet) erst im September Köpfe auszubilden, sodass ich nur kleinere Rotkohlköpfe mit rund 500 Gramm ernten konnte (Abb. 7). Das Phänomen, dass Kohlpflanzen oft erst spät oder gar keine Köpfe ausbilden, wenn ihnen etwas fehlt, war auch hier spürbar. Wahrscheinlich hätte ich während der Hitzewelle im September noch mehr wässern und mehr mineralische Nährstoffe (Gesteinsmehl) einbringen müssen.

Auch bei diesem Beet war erkennbar, dass Kohlpflanzen auf Stroh mehr Wasser und Dünger brauchen als im Freiland.

Die Rosenkohlpflanzen wuchsen gut und setzten bis Ende Oktober reichlich schöne Rosenknospen an. Da die Kohlpflanzen recht groß und schwer wurden, mussten sie durch Stöcke gestützt werden, damit sie in dem lockeren Unterboden nicht umfielen (Abb. 8).

Abb. 7

Abb. 8

Das Strohballenbeet in der zweiten Nutzung

Mobile Strohballenbeete

Abb. 1

Hier sollen jetzt auch alle Gartenfreunde zum Zug kommen, die keinen Garten verfügbar haben, aber auch gern etwas auf Balkon und Terrasse anlegen möchten. Alle Gartenbesitzer können dies natürlich auch nutzen.

Damit die mobilen Strohballenbeete auch mobil bleiben, müssen die Strohballen in ein Gefäß oder einen Behälter gezwängt werden. Ich habe mir dazu Weinkisten, Obstkisten und geflochtene Weidenkörbe auserkoren. Diese haben den Vorteil, dass sie wasser- und luftdurchlässig, nicht schwer und recht preiswert sind. Darüber hinaus enthalten sie keine Kunststoffe, die sich eventuell im vergärenden Stroh auflösen und giftige Stoffe absondern könnten. Die Behälter müssen auf jeden Fall wasserdurchlässig sein, damit keine stehende Staunässe im Pflanzgefäß entstehen kann (Abb. 1 bis 3). Die mobilen Strohballenbeete haben dazu noch den Vorteil, dass Sie diese jederzeit an einen anderen Platz bringen können und neue Pflanzenkombinationen als Dekoration zusammenstellen können (Abb. 4).

Abb. 2

Abb. 3

Abb. 4

Mobile Strohballenbeete

Vorbereitung der mobilen Strohballenbeete

Wie Sie auf der vorhergehenden Seite schon sehen konnten, wird hier der feste Strohballenbund aufgelöst. Das ist auch notwendig, weil ja ein Strohballen mit 90 x 45 x 30 Zentimeter nicht in eine Obstkiste mit dem Innenmaß von 48 x 30 x 38 hineinpasst. Wenn wir aber einen Strohballen auf das Maß 45 x 30 x 45 halbieren, so kann man diesen durchaus in die Obstkiste bringen.

Strohballen halbieren

Auf den ersten Blick scheint es einfach zu sein, einen Strohballen zu halbieren, doch damit die Hälften nicht sofort auseinanderfallen, muss man einen Trick anwenden. Jeder Strohballen wird ja zunächst einmal von zwei Schnüren zusammengehalten, damit er nicht auseinanderfällt. Damit unsere halben Stroh-

ballen nicht auseinanderfallen, müssen wir diese auch mit je zwei Schnüren zusammenbinden, *bevor* wir den ganzen Ballen teilen. In Abb. 5 sehen Sie, wie das geht. Die blauen Linien sind die vorhanden Schnüre des ganzen Strohballens. Die roten Linien sind die neu einzubindenden Schnüre für die beiden halben Strohballen. Die neuen Schnüre befestigt man an einem angespitzten dünnen Stock und zieht sie mit dem Stock wie mit einer Nähnadel in der Mitte durch den Strohballen. Am Ende der Schnüre macht man eine Schlaufe und führt den Anfang der Schnur hindurch, zieht die Schnur fest zusammen und verknotet diese. Das macht man für jede Hälfte zwei Mal, und schon haben die beiden Hälften eine eigene Verschnürung, sodass man die alten Schnüre des Strohballens auftrennen kann. Nun kann man den Strohballen mit einem langen scharfen Messer in der Mitte teilen

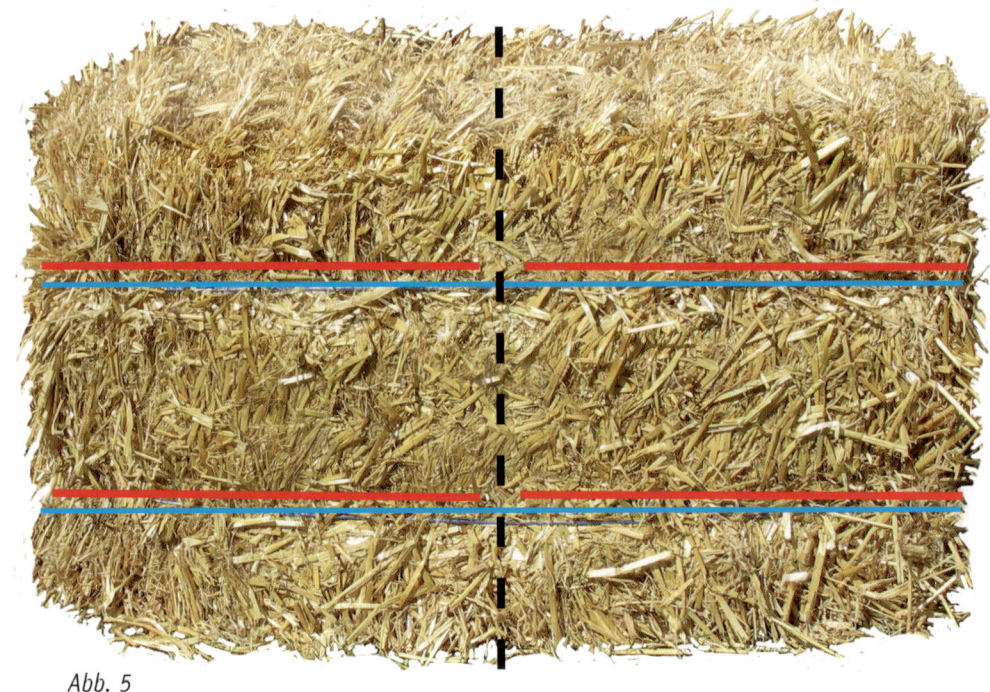

Abb. 5

(gestrichelte schwarze Linie). Ich habe mir zu diesem Zweck ein langes Tapeziermesser ordentlich scharf gemacht, da alle meine anderen Messer zu kurz waren. Es ist gar nicht so leicht, das zähe trockene Stroh durchzuschneiden (Abb. 5).

Dann habe ich meine Strohballenhälften in die Obstkisten gesetzt und seitlich, wo nötig, mit losem Stroh aufgefüllt und verdichtet. In den runden Weidenkorb habe ich loses Stroh eingefüllt und mit einem dicken Knüppel mehrere Lagen ordentlich verdichtet (Abb. 6).

Nachdem die mobilen Strohballen nun soweit hergerichtet waren (Abb. 7), konnte auch hier die Prozedur des Wässerns und Düngens beginnen, um die Zersetzung in Gang zu bringen (siehe Seite 14/15).

Abb. 6

Abb. 7

Chrysanthemen im Weidenkorb

Nachdem die stärkste Zersetzungshitze etwa zwei Wochen nach Beginn der Wässerung und Düngung abgeklungen war, konnte Ende Juli auch die Bepflanzung beginnen. Durch die Zersetzung wurde das Stroh insgesamt weicher, sodass ich mit einem dicken Holzknüppel leicht eine größere Pflanzmulde von rund 20 Zentimeter Tiefe und Durchmesser hineindrücken konnte (Abb. 8 und 9). Dann wurde auch hier wieder die Pflanzmulde zur Hälfte mit Biopflanzerde gefüllt, etwas verdichtet und ein erstes Mal gewässert (Abb. 10). Eine vorgezogene weiße Strauch-Chrysantheme aus dem Gartenmarkt wurde in die Pflanzmulde eingesetzt, rundum mit Pflanzerde aufgefüllt, gewässert, noch einmal Erde aufgefüllt und verdichtet (Abb. 10).

Erfahrungsbericht

Den ganzen August über gedieh die Strauch-Chrysantheme ganz wunderbar und wollte selbst in der größten Hitze nicht aufhören zu blühen. Erst Anfang September wurden plötzlich viele Blüten braun und starben ab. Noch geschlossene Blütenknospen wollten nicht mehr aufblühen. Bei genauerer Untersuchung stellte ich fest, dass das Stroh im Korb schon sehr stark zersetzt und der Untergrund sehr luftig und durchlässig war. Also verdichtete ich das Stroh noch einmal, gab frischen Pflanzboden obendrauf und düngte mit Bio-Volldünger. Die abgestorbenen Blüten schnitt ich mit der Schere ab. Eine Woche später fing die Pflanze wieder an zu blühen. Bei täglich kräftiger Wässerung blühte der Strauch schöner als zuvor bis weit in den Oktober (Abb. 11).

Abb. 8

Abb. 9

Abb. 10

Abb. 11

Mobile Strohballenbeete

Erdbeeren in der Obstkiste

Wie bei allen Strohballenbeeten musste auch in diesem Fall abgewartet werden, dass die Zersetzungshitze nachließ und der Ballen „fieberfrei" war. Grundsätzlich erhitzten sich aber die kleineren Ballen nicht so stark wie die größeren Beete mit drei oder vier Ballen, sodass nach 10 bis 12 Tagen die Innentemperatur unter 40 °C lag. Nun wurden die Pflanzmulden in das Stroh gedrückt und diese zur Hälfte mit Bio-Pflanzerde gefüllt, verdichtet und ein erstes Mal gewässert. Dann habe ich drei dauertragende Erdbeerpflänzchen aus dem Gartenmarkt eingepflanzt. Diese waren

zwar schon in fortgeschrittenem Wachtumszustand und teilweise schon am Blühen, doch sie verkrafteten die Umsiedlung auf die Strohballen ohne Probleme (Abb. 12 und 13).

Abb. 12

Abb. 13

Abb. 14

Allerdings zeigte sich schon bald, dass irgendwelche Fliegen, Raupen oder Käfer an den Blättern der Erdbeeren Geschmack gefunden hatten. Vermutlich wurden durch den organischen Bio-Volldünger Insekten angelockt, die sich im Stroh versteckten und nachts an den Pflanzen knabberten. Tagsüber war jedenfalls nichts zu sehen. Doch die löchrigen Blätter waren der Beweis, dass da jemand Hunger hatte. Es hat aber den weiteren Wachstums- und Reifeprozess der Pflanzen nicht nennenswert beeinflusst. Ende August waren die ersten Erdbeeren reif (Abb. 14 und 15).

Abb. 15

Erfahrungsbericht

Die Ergebnisse der „Erdbeeren-Naschkiste" sind als überwiegend positiv zu bewerten. Da ich auch hier relativ spät auf die Idee kam, es einmal mit dauertragenden Erdbeeren auf einer mobilen Strohballen-Obstkiste zu versuchen, kann ich nur sagen, dass das Experiment gelungen ist, auch wenn es für weitere Versuche noch Optimierungsbedarf gibt. Das Wachstum der Pflanzen auf den Strohballen war als gut zu bezeichnen. Eine vierwöchige Hitzwelle von Mitte August bis Mitte September hat den Ertrag der Erdbeeren sicher etwas geschmälert. Auch hier ist festzustellen, dass ohne tägliches Wässern und regelmäßige 14-tägige Düngergaben die Blüten am Stock vertrocknet wären. Zum Teil ist dies auch geschehen. In Abb. 16 ist erkennbar, dass das Laub der Pflanzen teilweise vertrocknet ist, und in Abb. 17 sieht man kleine vertrocknete Fruchtansätze. Wahrscheinlich hätte ich hier, wie auch bei der Chrysantheme, zwischendurch den Untergrund noch einmal verdichten und mit zusätzlichem Humusboden ergänzen müssen, damit das Wasser nicht so schnell durchläuft und die Wurzeln mehr Zeit haben, Wasser und Nährstoffe aufzunehmen. Dennoch konnte ich bis in die zweite Oktoberhälfte noch ständig Erdbeeren naschen.

Abb. 16

Abb. 17

Mobile Blumenbeete auf Strohballen

Auf den folgenden Seiten möchte ich Ihnen zeigen, dass man auch Blumen und blühende Stauden in Obstkisten mit Stroh für Balkon und Terrasse anlegen und pflegen kann. Die Möglichkeiten sind sehr vielfältig. Ich möchte Ihnen hier nur drei Beispiele zeigen, die ich selbst ausprobiert habe.

Und natürlich starten wir auch hier wieder wie bei allen Strohballenbeeten mit der Anlage der Kisten (siehe Seite 70 bis 73), und auch in diesem Fall muss abgewartet werden, bis die Zersetzungshitze nachlässt. Nach rund 10 bis 12 Tagen sollte die Innentemperatur unter 40 °C liegen. Nun werden wieder die Pflanzmulden entsprechend der Größe der Pflanzen in das Stroh gedrückt, zur Hälfte mit Bio-Pflanzerde gefüllt, verdichtet und gewässert. Dann werden die vorgezogenen Blumenpflanzen eingepflanzt. Die Pflanz-

mulde wird nun rundum mit Erde aufgefüllt, verdichtet, noch einmal gewässert und wenn nötig auch noch einmal mit Erde aufgefüllt (Abb. 18 bis 20).

Auf den folgenden Seiten sehen Sie die drei Beispiele von Strohballenkisten:

- **Fleißiges Lieschen mit Köcherblümchen**
- **Lavendel**
- **Kapuzinerkresse**

In Abb. 20 sehen Sie das Fleißige Lieschen mit dem Köcherblümchen und auf den nächsten Seiten in Abb. 21 die Kapuzinerkresse und in Abb. 22 den Lavendel.

Außer der täglichen Wässerung und dem regelmäßigen Düngen haben die Pflanzen keine weitere Pflege erhalten. Weitere Anleitungen braucht es also nicht. Ich möchte Sie aber ermuntern, auch einmal andere Pflanzen auf der Strohballenkiste auszuprobieren.

Abb. 18

Abb. 19

Abb. 20

Mobile Strohballenbeete

Abb. 21

Mobile Strohballenbeete

Erfahrungsbericht

Alle drei Strohballenkisten haben von Anfang August bis weit in den Oktober schön und ausdauernd geblüht. Nur das Fleißige Lieschen hatte sich zwischendurch eine Auszeit genommen und wollte Ende August während einer Hitzeperiode nicht mehr blühen (Abb. 23). Vermutlich hätte ich auch hier, wie bei der Chrysantheme, den Untergrund noch einmal verdichten und zusätzlichen Humusboden beigeben müssen. Wenn das Stroh durch die fortschreitende Zersetzung immer instabiler und zu einer recht luft- und wasserdurchlässigen Masse wird, können die Pflanzen nicht schnell genug das Wasser und den Dünger aufnehmen. Die Luftdurchlässigkeit sorgt zudem für eine schnellere Austrocknung des Strohs, vor allem bei großer Hitze.

Durch die Erfahrung mit der Chrysantheme habe ich den Strohballen dann Anfang September noch einmal verdichtet und frische Humuserde auf den Ballen gegeben. Außerdem habe ich innerhalb einer Woche zwei Mal 30 Gramm Bio-Dünger in Wasser aufgelöst und dem Gießwasser beigemischt. Nachdem dann auch die Hitzewelle Mitte September vorbei war, konnte ich bald wieder ein richtig „fleißiges" Lieschen bewundern, das täglich neue Blüten austrieb (Abb. 24). Die anderen Blütenpflanzen hatten mit der Hitze wenig Probleme. Alle blühten noch bis weit in den Oktober. Ein überraschender Nachtfrost wurde dem Fleißigen Lieschen dann leider zum Verhängnis.

Abb. 23

Mein Tipp:

Wenn Sie mobile Strohballenkisten auf Ihrem Balkon oder Ihrer Terrasse platzieren, sollten Sie bedenken, dass aus den Kisten auch immer schmutziges Wasser herausläuft, das Ihnen unter Umständen Ihre schönen Fliesen, Holzdielen oder Pflastersteine verschmutzt und Spuren hinterlässt, die sich vielleicht nicht mehr ganz entfernen lassen. Es ist also sinnvoll, unter die Kisten entsprechende Untersetzer zu stellen, die das Wasser auffangen.

Mobile Strohballenbeete

Abb. 24

85

Mobile Blumenbeete auf Strohballen sind praktisch

Dass die mobilen Strohballenbeete praktisch sind und einige Vorteile bieten, kann man wohl nachvollziehen. Auf einer Obstkiste mit einem halben Strohballen können Sie fast alles anpflanzen. Vom kleinen Beet für Küchenkräuter über Radieschen, Ruccola, Paprika, Kohlrabi bis hin zu einer großen Tomatenpflanze ist alles möglich – auch in der Stadt, auf Ihrem Balkon oder auf der Dachterrasse.

Dass Sie auch Blumen und Ziersträucher auf Strohballenkisten oder -körben anpflanzen können, macht diese auch zu wunderbaren beweglichen Dekorationselementen. Sie können mit den mobilen Strohballenkisten praktisch jeden Tag eine andere Dekoration auf Ihren Balkon oder Ihre Terrasse zaubern.

Ich bin nun nicht gerade der große Gartengestalter und Dekorateur, aber ich habe zumindest einmal einen kleinen Versuch gewagt (Abb. 25).

Abb. 25

Abwehr von ungebetenen Gästen

Abb. 1

Ungebetene Gäste im Garten werden von uns meist als „Schädlinge" bezeichnet. Doch man darf nicht alles, was sich ohne Einladung in unserem Garten bewegt, verurteilen und bis auf den Tod bekämpfen. In der Natur hat jedes Lebewesen seine Aufgabe und Berechtigung, auch wenn uns diese nicht auf den ersten Blick einleuchten. Man muss es den ungebetenen Besuchern aber nicht zu leicht machen.

Gegen die meisten tierischen Mitesser gibt es auch einfache biologische Mittel zur Abwehr, ohne dass man sie gleich tötet. In Extremfällen kann es aber auch erforderlich sein, zu radikalen Mitteln zu greifen und der Natur auf die Sprünge zu helfen, wenn die natürlichen Feinde der Schädlinge fehlen.

Was ist zu tun, wenn die Plagegeister an unsere schönen Pflanzen wollen? Auf keinen Fall setze ich chemische Giftstoffe ein, denn diese haben weitreichende Folgen für unsere Gesundheit und die vieler anderer Lebewesen. Es geht auch anders.

Schmetterlingsraupen

Wir alle freuen uns über die hübschen bunten Falter, die unsere Blütenpflanzen besuchen und den Nektar saugen und dabei unsere Nutzpflanzen befruchten. Doch alle Falter und Schmetterlinge legen auch ihre Eier auf den Blättern unserer Pflanzen ab. Daraus entstehen dann die Schmetterlingsraupen. Sie sind eine Vorstufe bei der Entwicklung der Falter. Die Raupen verpuppen sich und daraus werden später neue Schmetterlinge. Doch die Raupen sind meist sehr gefräßig. Berüchtigt sind die grün-schwarzen Raupen des Kohlweißlings (Abb. 1), die innerhalb weniger Tage ein ganzes Gemüsebeet vernichten können. Wenn Sie merken, dass sehr viele Kohlweißlinge durch Ihren Garten flattern, sollten Sie sofort ein feinmaschiges Netz über Ihre Pflanzen ausbreiten, damit die Kohlweißlinge nicht hindurch und ihre Eier auf den Pflanzen ablegen können (Abb. 2).

Vor allem Kohlpflanzen jeglicher Art sind beim Kohlweißling sehr beliebt. Auch andere Falter legen ihre Eier gern auf dem wohlschmeckenden Gemüse ab. So sorgen sie für optimale Nahrungsquellen für ihren Nachwuchs, die Raupen. Doch ohne Raupen gibt es auch keine Schmetterlinge.

Abb. 2

Schnecken

Besonders unbeliebt sind bei jedem Gärtner die Schnecken. Ich kann auch nicht behaupten, dass ich sie besonders mag. Vor allem Nacktschnecken (ohne Schneckenhaus) sind in den Gärten gefürchtet (Abb. 3). Bei trockenem, heißen Wetter sind die Schnecken kaum zu sehen, aber wenn es regnet und der Garten nass und feucht ist, dann sind sie zur Stelle und bedienen sich besonders gern an unseren Salatpflanzen. Normalerweise meiden Schnecken das stachlige raue Stroh, aber bei feuchtem Wetter stört sie auch dies nicht. Streuen Sie zur Abwehr eine etwa 1 Zentimeter breite dünne Spur von Kochsalz um Ihre Beete. Diese Salzspur wirkt wie ein Elektrozaun für Weidetiere und wird von keiner Schnecke überwunden, da das Salz ihre Haut verätzt. Das Kochsalz ist für Ihren Garten unschädlich, löst sich innerhalb von 1 bis 2 Wochen auf und geht Verbindung mit der Gartenerde ein, was aber in diesen geringen Mengen nicht schädlich ist.

Abb. 3

Abb. 4

Blattläuse

Die kleinen, kaum zwei Millimeter großen saugenden Blattläuse sind für jeden Gärtner sehr unbeliebte Gäste, die sich heimlich, still und leise über seine Pflanzen hermachen. Je nach Art bevorzugen sie aber unterschiedliche Nahrungspflanzen. Die Grüne Blattlaus saugt gern an frischen Obstbaumblättern, Rosen und Ziersträuchern. Die Schwarze Bohnenlaus sieht man an Bohnen und anderen Gemüsepflanzen und die Sitka-Fichtenlaus findet sich bevorzugt an den frischen Austrieben von Nadelhölzern. Sie alle werden gehegt und gepflegt von unseren als nützlich eingestuften Ameisen. Diese füttern mit den Ausscheidungen der Läuse, dem sogenannten süßen Honigtau, ihre Brut und verteidigen die Läuse gegen Fressfeinde (Abb. 4). Feinde sind die Larven von Marienkäfer, Ohrwurm und Florfliege. Sie sind die wichtigsten Bekämpfer der Blattläuse und halten ihre Population in Schach. Eine einzige Marienkäferlarve (Abb. 5) frisst in ihrem kurzen Dasein rund 1000 Blattläuse. Es ist also wichtig, dass wir in unserem Garten für eine möglichst hohe Artenvielfalt sorgen. Nur so ist das natürliche Gleichgewicht zu wahren und eine extreme Überpopulation einer einzelnen Art langfristig zu vermeiden. Kurzfristige Abhilfe bei starkem Befall von Läusen bringt nur der Rückschnitt und die Verbrennung der befallenen Pflanzenteile. Gehen Sie aber nicht zu radikal vor und bedenken Sie, dass die Larven der Marienkäfer auch Hunger haben. Chemisches Gift ist verboten, denn dies hätte unmittelbare Auswirkungen auf die Population der Marienkäfer, Ohrwürmer, Florfliegen, Ameisen und anderer Insekten.

Abb. 5

Pilze und Pilzkrankheiten

Beim Prozess der Zersetzung der Strohballen entsteht Wärme und es werden neue Nährstoffe aufgeschlossen, die auch gern von Pilzen genutzt werden. Zu nennen ist hier vor allem der Graue Mist-Tintling *(Coprinus cinereus)*, der sich in diesem Klima sehr wohl fühlt. Dieser Pilz ist aber nur eine Begleiterscheinung der Fäulnis im Stroh und ein positives Zeichen dafür, dass die Zersetzung im Gang ist. Der Pilz hat keine Auswirkungen auf andere Pflanzen, zerfällt innerhalb weniger Stunden und wird so selbst zu verwertbarem Humus (Abb. 6).

Der Mehltau ist eine weit verbreitete Pilzkrankheit und nur sehr schwer zu bekämpfen. Der Echte Mehltau tritt vermehrt als weißer Belag in und auf Blättern auf, wenn es heiß und trocken ist. Tägliches Wässern hilft hier. Der Falsche Mehltau tritt meist bei kühlem, nassen Wetter auf und befällt in der Regel zuerst die Blattunterseite. Teilweise werden auch angeblich biologische Spritzmittel angeboten, aber diesen traue ich nicht. Mein bewährtes Hausmittel gegen Mehltau und Krautfäule bei Gurken, Zucchini und Tomaten ist eine selbstgemachte Brennnesseljauche.

Zur Herstellung der Brennnesseljauche (Abb. 7) benötigen Sie einen großen Eimer aus Kunststoff oder ein Holzfass. Metallgefäße eignen sich hierfür nicht. Für meine Brennnesseljauche sammle ich so viele Brennnesseln, bis mein Eimer locker bis zum Rand gefüllt ist. Ich verwende nur das oberirdische Kraut. Dann schneide ich die Pflanzen auf etwa 10 Zentimeter Länge zu und fülle den Eimer mit Regenwasser auf. Den

Abb. 6

Kübel stellt man an einen sonnigen, warmen Platz. Der Inhalt des Kübels wird täglich ein- bis zweimal umgerührt. Nach etwa drei Tagen fängt das Ganze an zu gären und zu stinken. Nach zehn bis zwölf Tagen ist die Gärung abgeschlossen. Die Jauche gießt man durch ein Küchensieb und füllt sie dann in große Schraubflaschen oder Schraubkanister. Die Jauche hilft als Bio-Spritzmittel gegen Läuse und andere Insekten, indem man die Pflanzen mehrmals kräftig damit besprüht. Gegen Mehltau und andere Pilzkrankheiten wird die Jauche 1:5 mit Wasser verdünnt und mehrfach an die Wurzeln gegossen.

Abb. 7

Sachwortregister